LES

TRAVAUX DE MARSEILLE

PAR

EMILE DE GIRARDIN.

———◦∞◦———

MARSEILLE

CHEZ CAMOIN FRÈRES, ÉDITEURS

RUE SAINT-FERRÉOL, 4.

1862

MARSEILLE

IMPRIMERIE ET LITHOGRAPHIE DE JULES BARILE,

Rue Paradis, 13.

En réunissant en brochure et réimprimant, sous cette forme plus facile à consulter, les articles que M. Emile de Girardin a publiés dans le *Courrier de Marseille* nous cédons moins encore au désir qui nous en a été généralement exprimé qu'à l'espoir qu'ils fructifieront ainsi plus sûrement.

Les créations qui, dans notre ville, suivent enfin l'élan parisien, devaient avoir du retentissement dans la Capitale si merveilleusement transformée et embellie. Un de nos éminents publicistes, l'écrivain célèbre qui a mis son talent et la vigueur de son intelligence au service du progrès, sous quelque forme qu'il se présente, n'a pas jeté un coup-d'œil indifférent sur la régénération de Marseille. Frappé par ce qui doit s'y faire, M. Emile de Girardin a bien voulu rompre pour notre ville un silence qui rappelait celui d'un autre célèbre publiciste. C'est là une bonne fortune pour Marseille, et c'est avec autant d'empressement que de reconnaissance que nous publions les articles dus à un illustre confrère et inspirés par notre ville.

L. MÉRY.

LES

TRAVAUX DE MARSEILLE

Marseille,   Octobre 1862.

I.

Il faut rendre à M. Haussmann la justice de reconnaître qu'il a imprimé aux travaux d'assainissement et d'embellissement, d'élargissement des rues et de percement des boulevards, de raccourcissement des distances, et d'adoucissement des pentes un élan qui ne s'est point arrêté à Paris. Cet élan a gagné Rouen, Lille, Lyon et vient de s'étendre à Marseille.

Marseille est en voie complète de transformation.

Cette transformation s'impose simultanément aux deux côtés de la Ville, communément désignés par cette double appellation : le Nord et le Sud.

Si le Nord a de son côté les nouveaux ports, les Docks de la Joliette, la Gare du chemin de fer de la Méditerranée, la Cathédrale, la Bourse, la rue Impériale, le Sud a de son côté l'ancien port, la Résidence impériale, le Palais de Justice, le Grand-Théâtre, l'Hôtel de la Préfecture, le chemin de la Corniche, cette promenade qui dans quatre mois n'aura d'égale dans le monde que celle du Pausilippe à Naples, et enfin, le boulevard de l'Empereur qui continue le quai de Rive-Neuve et ouvre au côté gauche de la Cannebière, un débouché en droite ligne sur la mer et l'anse des Catalans, débouché qui sera un immense raccourci. Le Sud a sur le Nord l'incontestable avantage de posséder dans son sein les plus beaux quartiers, les plus belles rues, la rue Paradis, la rue Saint-Ferréol, la rue de Rome, la rue Montgrand, la rue Grignan, le cours Bonaparte, la promenade du Prado émaillée de la magnifique villa Talabot, de la belle villa Pascal, de la charmante villa Pastré, de la coquette villa Nathan, et d'une foule d'autres villas plus élégantes les unes que les autres. Le Nord a sur le Sud l'incontestable avantage de ses immenses quais bordant cinq bassins : le bassin de la Joliette, le bassin du Lazaret, le bassin d'Arenc, le bassin Napoléon et le bassin Impérial.

Pour que l'équilibre existe entre le Nord et le Sud que manque-t-il au Nord? que manque-t-il au Sud? Au Nord, il ne manque plus rien, l'élargissement et l'assainissement des rues de la vieille Ville se feront d'eux mêmes par la force acquise de l'impulsion donnée. Au Sud, il manque encore deux choses : premièrement la gare du chemin de fer que M. Talabot a si formellement promise et en vue de laquelle il a déjà fait conditionnellement des achats de terrains si considérables; deuxièmement le magasin-général dont la ville de Marseille, par l'article 4 de la convention du 10 juin 1854, par l'article 39 de la loi du 23 octobre 1856, et par l'article 4 du traité du 14 octobre, même année, avec M. Talabot a reconnu et fait reconnaître l'utilité désormais incontestée. A quoi cela servirait-il de le nier? Le dock-entrepôt de la Joliette pourvu de puissants engins appelés à rendre la manutention plus facile, plus rapide, plus économique (1), doté du pouvoir précieux de monétiser

(1) Toutes les manutentions de la marchandise dans le sens de la hauteur, c'est-à-dire le déchargement des charrettes ou wagons, la descente dans les caves, l'élévation aux étages, etc., sont exécutés par des engins mis en mouvement sans effort par le premier ouvrier venu et obéissent à sa volonté d'une façon en quelque sorte instantanée. Ainsi un poids d'une tonne et demie déposée sur une vaste plate-forme où douze personnes ont été assises sans gêne, est élevé à 50 mètres de haut avec la vitesse que l'on désire, en un instant, redescendu, remonté, arrêté en tout point de

la marchandise, de la vendre et de la revendre sans la déplacer, ce pouvoir qui a élevé si haut Londres et Liverpool, le dock-entrepôt de la Joliette, dès qu'il sera en pleine exploitation, portera un coup mortel à tous les magasins particuliers appelés Domaines. Or, les plus vastes abondent dans le quadrilatère compris entre le quai de Rive-Neuve et le boulevard de la Corderie. Comment parer ce coup mortel? Ce que tous les propriétaires ont à faire sans illusion et sans retard, c'est de se réunir pour composer un ensemble qui permette de transformer leurs propriétés communes en un vaste magasin-général qui soit de force à lutter contre le dock-entrepôt de la Joliette. Magasin-général au Sud contre dock-entrepôt au Nord! Le commerce et la Ville, l'intérêt général et l'intérêt particulier n'auront tous qu'à y gagner Ce qui caractérise le commerce, c'est la sagacité dont il est doué, dont il faut qu'il soit doué sous peine de ruine; c'est sa rapidité, son étendue et sa justesse de perception; pourquoi dans une ville aussi essentiellement

la course qui est désignée, le tout par une traction très-légère exercée par une seule main sur une petite chaîne disposée à côté de la plate-forme. Le moteur invisible de ce mécanisme docile est de l'eau comprimée à 60 atmosphères environ qui circule au moyen de conduites souterraines dans toutes les parties de l'établissement et que la main de la personne agissant sur la petite chaîne dont nous venons de parler fait entrer à volonté en plus grande quantité et plus ou moins vite dans le mécanisme. Cette eau est comprimée par une machine à vapeur dans un réservoir central qui constitue un véritable accumulateur de force, et se trouve placé dans un autre bâtiment entièrement isolé et distant de plus de 500 mètres de l'engin élévateur, au moyen duquel les invités des Messageries Impériales ont pu passer, sans presque s'en apercevoir, du premier étage au sixième, et visiter les terrasses qui couronnent l'entrepôt commercial. C'est la première application en France du système de la mécanique à eau comprimée, créé par sir William Armstrong, et appliqué à peu près exclusivement depuis peu de temps en Angleterre dans les docks et entrepôts publics et particuliers.

Dans quelques mois le même système de machinerie fera fonctionner de la sorte, sans efforts humains, sans feux aux environs des magasins et sans qu'il y ait danger pour qui que ce soit, des grues placées le long des quais et bassins des docks pour l'embarquement et le débarquement de toute espèce de marchandises; des moutons mus de même seront établis pour le pilage des sucres, et successivement tous les engins qui pourront être nécessaires à la simplification des services de la Compagnie.

commerçante que Marseille la propriété ne serait-elle pas douée du même discernement, de la même aptitude à démêler, fut-ce dans le lointain, ce qui est son intérêt? Consentir à tout ce qui facilitera l'établissement au Sud d'une seconde gare de chemin de fer et d'un second magasin-général : de la part des propriétaires du Sud, ce ne sera point faire un sacrifice, ce sera conjurer un péril, ce sera effacer un désavantage. Nous nous réservons de revenir spécialement sur la question spéciale de l'établissement d'un magasin-général au Sud de l'ancien port. Reprenons ce que nous disions de la transformation de Marseille.

Assurément le jour où M. Emile Pereire s'est présenté aux autorités et leur a dit en parlant du percement et de la construction de la rue Impériale : « Je ne viens point pour discuter, je viens pour signer; (1) » assurément ce jour-là a été un heureux jour pour la ville de Marseille et pour ses habitants. MM. Emile et Isaac Pereire ne représentent pas seulement l'intelligence pleinement développée par le succès, ils représentent encore le capital élevé à sa plus haute puissance.

---

(1) Cession de tous les terrains expropriés qui restent en dehors des alignements de la rue Impériale et des rues adjacentes, moyennant le prix de 300 francs le mètre carré.

Exécution à forfait des travaux de nivellement et de mise en état des nouvelles voies publiques, comprenant en outre les murs de soutènement, les escaliers, les égouts, les conduites des eaux et du gaz, etc. Tous ces ouvrages doivent être achevés dans un délai de 18 mois, à partir du jour de l'approbation du traité.

Construction des maisons placées en façade sur la rue Impériale, avec des hauteurs uniformes, les cordons, les corniches et les toitures établis suivant les lignes horizontales, île par île; et ce, dans un délai de deux ans, après la mise en état des voies.

Versement, le jour même de l'approbation du traité, d'une somme de deux millions, servant de cautionnement. Paiement du surplus à des époques échelonnées jusqu'au 10 février 1864.

Réserve en faveur de la Ville des déblais provenant de l'exécution des travaux de nivellement, lesquels devront être transportés, aux frais de M. Emile Pereire, dans l'anse d'Arenc et dans le bassin des Docks.

Telles sont les dispositions fondamentales de ce traité.

Si la paix comme la guerre avait ses maréchaux de France,
MM. Émile et Isaac Pereire le seraient justement. Ce qu'ils ont
fait si rapidement, à Paris, de la rue Basse-du-Rempart, au
Parc Monceaux, ils vont le faire tout aussi vite, à Marseille, du
quai du Port au boulevard des Dames ; mais il est à craindre
qu'ils ne circonscrivent dans la circonférence dont la rue
Impériale sera le diamètre le rayonnement de leur prodigieuse
activité. Paris a un avantage que n'a point Marseille. Paris a
une *Caisse des travaux de Paris* qui fait contrepoids à la
Société Immobilière de Paris, son auxiliaire et non sa rivale.
Ce qui manque donc à Marseille, c'est une *Caisse des Travaux
de Marseille.* Pour apprécier tous les avantages qu'a rendus
à la ville de Paris, la *Caisse des Travaux de Paris* établie par
décret impérial du 14 novembre 1858, il suffit de lire le remarquable et substantiel rapport de son habile directeur M. Ferdinand Le Roy.

Aux termes de la loi du 28 mai 1858, la ville de Paris est
tenue d'exécuter dans un délai de dix années, à partir du 1er
janvier 1859, l'ouverture dans Paris des grandes voies publiques, qui doivent coûter une somme nette de 180 millions,
dont 50 millions seulement à la charge de l'État. Comme les
180 millions laissés à sa charge n'étaient que le solde final de
la dépense, l'opération exigeait, surtout au début, des avan-
ces de fonds beaucoup plus considérables que les excédants de
recettes laissés disponibles par ses budgets annuels. La ville
de Paris avait donc besoin d'un fonds de roulement qu'il lui
fallait chercher en dehors des ressources courantes de la caisse
municipale. L'annexion de la banlieue et les travaux de toute
nature à entreprendre immédiatement dans la zone annexée
vinrent donner à ce besoin un caractère d'urgente nécessité.
Le décret impérial du 14 novembre 1858 y a pourvu en créant
une caisse de service, chargée d'acquitter les indemnités fon-
cières et locatives, ainsi que les frais et dépenses de toute nature se rapportant aux grands travaux entrepris par la Ville ;

par contre la caisse centralise toutes les ressources provenant soit des opérations elles-mêmes, soit des crédits qui lui sont alloués par les votes municipaux. A l'égard du fonds de roulement nécessaire, il y est pourvu par l'émission de bons de la caisse. Ces bons revêtus de la garantie de la Ville, sont comme les bons du Trésor en France, comme les bons de l'Echiquier en Angleterre remboursables à échéance fixe et l'intérêt se règle selon la loi économique de l'offre et de la demande. Les opérations de la *Caisse, Travaux de Paris* ont commencé le 3 janvier 1859. Dans ces trois années la caisse a placé 354,145,000 fr. de ses propres bons en capital; pour rester dans les limites qui lui sont légitimement imposées, elle a remboursé 257,138,500 fr.; elle ne restait ainsi débitrice, au 31 décembre 1861, que de 97,006,500 fr., plus 359,500 fr. de bons échus et non remboursés, ensemble 97,366,000 fr. La somme de 354,145,000 fr., montant de l'émission des trois années 1859 à 1861, se divisait en 61,455 bons, qui ont été répartis entre 8,537 prêteurs, dont 7,092 pour Paris et 1,415 pour la province. « Il » serait bien difficile, dit à ce sujet M. Ferdinand Le Roy, » de rédiger une statistique exacte de la qualité et de la profession des divers déposants depuis l'origine de la caisse, » mais on serait bien près de la vérité en affirmant qu'aujourd'hui *les trois quarts* des clients de l'établissement créé en » novembre 1858, sont des pères de famille, des propriétaires » ou des personnes ayant en vue de placer le fruit de leurs » économies et de leur travail. Les grandes institutions de » crédit, les compagnies industrielles ou de chemins de fer, » et les maisons de banque proprement dites doivent figurer » à peine pour *un quart* dans la clientèle actuelle de la caisse. » On ne se formerait qu'une idée imparfaite du succès financier de la caisse, si l'on ne savait pas que les 97,366,000 de bons en circulation au 31 décembre 1861 se répartissaient ainsi : bons échéant en 1862, 84,783,000 fr.; en 1863, 9,276,000 fr.; en 1864 et au-delà jusqu'en 1868, 3,305,800 fr., au 31

mars 1862, la proportion était encore plus remarquable : sur
100 millions de bons en circulation, 60 millions étaient exi-
gibles dans l'année courante : 25 millions et demi en 1863, 14
millions et demi de 1864 à 1868, c'est-à-dire que les place-
ments à un an atteignaient 40 0/0 de l'émission totale.

L'établissement d'une *Caisse des travaux de Marseille* n'eût
pas été nécessaire si MM. Péreire, comme on avait commencé
par le dire, eussent institué une *Société immobilière de Marseille*,
mais dès qu'ils fusionnent dans leur *Société immobilière de Paris*,
convertie, dit-on en *Société Impériale immobilière de France*,
leur opération de la rue Impériale et leur achat des terrains de
la Joliette, la nécessité d'instituer une *Caisse des travaux de
Marseille* devient impérieuse, sous peine de rompre l'équilibre
entre les divers quartiers de la Ville et de porter d'un seul
côté de la balance tout le mouvement des affaires et tout le
poids de la population. Ce point de vue n'a dû échapper ni à
la vigilance du Sénateur à qui l'administration des Bouches-du-
Rhône a été confiée, ni à l'attention du Conseil Municipal de
Marseille.

Peut-être dans toute la France n'existe-t-il pas une seule
ville où, à l'exception du quartier dont M. Emile Péreire a
fort heureusement entrepris la rénovation, les agrandissements, les embellissements doivent être plus faciles et moins
coûteux. Toute la partie Sud de Marseille qui avoisine le port
proprement dit est généralement bien percée ; rues parallèles et
rues perpendiculaires y sont rigidement droites. Au premier
rang des rues parallèles on peut citer la rue Sainte-Catherine,
la rue Sainte, la rue Grignan, la rue Montgrand ; au premier
rang des rues perpendiculaires on peut citer la rue Fort-Notre-
Dame-de-la-Garde, la rue de la Paix, la rue Fortia, la rue
Breteuil qui aboutissent au port, la rue Paradis, la rue Saint-
Ferréol, la rue de Rome qui aboutissent à la Cannebière. Les
deux boulevards parallèles qui portent les noms de boulevard
de la Corderie et de cours Bonaparte sont traversés par les deux

boulevards perpendiculaires qui s'appellent : le boulevard Gazino et le boulevard Notre-Dame-de-la-Garde.

Pour assainir ce quartier et le mettre en pleine valeur peu
de chose, très-peu de chose suffirait. Il n'y aurait qu'à supprimer l'ignoble ruelle des Brusques ou qu'à lui donner la
largeur du boulevard Gazino, qui alors déboucherait sur le
boulevard de la Corderie et se relierait avec lui. Il n'y aurait
qu'à raccorder le cours Bonaparte avec le boulevard de la
Corderie, ce qu'on ferait très-simplement en donnant à la rue
Fort-Notre-Dame-de-la-Garde, la largeur du boulevard Notre-
Dame-de-la-Garde dont elle n'est que la continuation. Alors le
boulevard Notre-Dame-de-la-Garde s'étendrait en droite et
large ligne du rond-point du boulevard Vauban au quai de
Rive-Neuve élargi, assaini, embelli. La rue Grignan, la rue
Montgrand et le cours Bonaparte sont relativement au boulevard de la Corderie comme les trois dents d'une fourche à son
manche. Le moyen de les emmancher se présente donc de lui-
même : il n'y aurait qu'à placer à cet endroit, — c'est ce qu'on
fait à Paris maintenant si judicieusement dans tous les quartiers
que traverse une grande et nouvelle voie, — il n'y aurait
qu'à placer à cet endroit un square planté que traverserait le
boulevard Notre-Dame-de-la-Garde prolongé, et sur lequel dé-
boucheraient en sens inverse le cours Bonaparte et le boulevard de la Corderie. Ce square serait le *terminus* de la rue Grignan et de la rue Montgrand, deux très belles rues qui y ga-
gneraient encore. En prolongeant la rue Montgrand jusqu'au
square planté, ce qui s'opérerait en démolissant deux ou trois
maisons au plus, de peu de valeur, on démasquerait, du côté
sud, le nouveau Palais-de-Justice ce qui permettrait de
l'apercevoir et du boulevard de la Corderie et du boulevard
Notre-Dame-de-la-Garde. (1)

(1) Ce raccordement est en ce moment à l'enquête, mode excellent dont on ne
saurait trop encourager l'emploi, car il a deux avantages : d'éclairer l'autorité qui décide

Ces travaux de raccordement et d'élargissement, su lesquels l'œil de l'autorité est ouvert, seraient de mince importance. Ils pourraient être exécutés à peu de frais et en peu de temps, mais ce qui serait œuvre plus importante, ce serait l'assainissement de tout le quadrilatère compris entre la rue d'Endoume et la rue Fort-Notre-Dame-de-la-Garde, le boulevard de la Corderie et le quai de Rive-Neuve. S'il existait une *Caisse des travaux de Marseille*, ce serait l'opération par laquelle cette caisse devrait commencer pour démontrer qu'il est possible d'améliorer beaucoup sans dépenser beaucoup. Certainement ce ne serait qu'une courte avance de fonds et peut-être la Ville y gagnerait-elle de l'argent. Il n'y aurait nulle part à Marseille un emplacement plus propice pour y construire le second magasin-général appelé à faire contrepoids et concurrence au dock-entrepôt de la Joliette ; les fils ne doivent pas faire dédaigner le père; si les nouveaux bassins ont leurs avantages, l'ancien port, le vieux Lacydon, a aussi les siens qui ne sont pas indifféremment appréciés par les marins; ils prétendent que c'est le plus sûr qui existe, sans en excepter les ports de Gênes, de Naples et de Livourne. Pourquoi donc le vieux port, ce port si calme, à l'abri du vent, de la vague et du taret n'aurait-il donc pas, lui aussi, son magasin-général et le magasin général sa gare nécessaire?

II.

Serait-il vrai, ainsi qu'on le dit faussement et ainsi qu'on le répète inconsidérément, qu'un magasin général ne puisse être

et de stimuler l'esprit d'intérêt général. Parmi les projets présentés en concurrence du projet adopté par le Conseil Municipal, il en est un fort bien étudié par M. Borde, ingénieur, qui consisterait uniquement à prolonger le boulevard de la Corderie jusqu'au nouveau Palais-de-Justice, en empruntant l'un des deux côtés de la rue Grignan. L'avantage de ce projet serait d'adoucir considérablement la rampe de la rue Grignan au point où elle se brise actuellement contre le boulevard de la Corderie.

établi à Marseille que « *six ans à partir de l'achèvement du dock de la Joliette* » rétrocédé à M. Paulin Talabot par la ville de Marseille le 14 octobre 1856 et non encore complètement achevé ?

Rien n'est moins vrai.

Si demain un second magasin-général pouvait être construit du matin au soir, rien n'empêcherait qu'il pût être ouvert après-demain, si le ministre compétent, la Chambre de commerce de Marseille entendue, en reconnaissait l'avantage.

Le texte de la loi du 28 mai 1858, qui a détruit en matière de docks, maintenant naturalisés sous la dénomination de magasins généraux, le régime du monopole pour y substituer le régime de la concurrence, le texte de la loi du 28 mai 1858 est formel, mais plus formels sont encore l'exposé des motifs et le rapport de M. Ancel, député du Havre au Corps législatif.

Citons d'abord le texte de la loi du 28 mai 1858 :

» Art. 1. « Les magasins généraux, établis en vertu du décret du 28
» mars 1848, recevront les matières premières, les marchandises et les
» objets fabriqués que les négociants et industriels voudront y déposer. —
» Les *magasins sont ouverts*, les Chambres de commerce ou les Cham-
» bres consultatives des arts et manufactures ENTENDUES, avec *l'autori-*
» *sation du gouvernement* et placés sous sa surveillance. »

Citons maintenant l'exposé des motifs :

» Dans la législation anglaise actuelle tout individu peut ouvrir des
» magasins publics librement, sans autorisation et sans contrôle du Gou-
» vernement, avec droit de délivrer des *warrants*.

« Disons en passant qu'il ne s'agit pas de pousser le système jusque-
» là. Les magasins autorisés et placés sous la surveillance du Gouverne-
» ment peuvent seuls en France délivrer des récépissés transmissibles par
» voie d'endossement. Il ne s'agit pas de changer cette disposition essen-
» tielle.

» Il y a donc des inconvénients en Angleterre, nous en avons dit la
» cause principale. Eh bien ! malgré les abus et les inconvénients, l'ins-

» titution est dans les mœurs ; elle fonctionne dans de grandes propor-
» tions, les négociants les plus honorables en font usage. »

Citons enfin le rapport de M. Ancel, député du Havre, au
Corps Législatif :

» La Commission sans avoir voulu admettre le principe d'une *liberté*
» ABSOLUE pour l'établissement des magasins-généraux tel qu'il existe
» en Angleterre ; sans même avoir posé des conditions dont l'accomplis-
» sement donnerait le droit d'ouvrir les magasins, ainsi que le demandait
» un amendement de l'honorable M. Javal, a compris que l'*Adminis-*
» *tration devra se montrer* LARGE et LIBÉRALE dans la concession
» de ces autorisations. »

» Nous n'avons pas pensé qu'un MONOPOLE DUT ÊTRE CONSACRÉ ; plu-
» sieurs magasins même spéciaux au même genre de marchandises
» pourront se fonder si l'intérêt de la localité l'exige. MM. LES COMMISSAI-
» RES DU GOUVERNEMENT ONT PARTAGÉ NOTRE IMPRESSION; *ils nous ont*
» *assuré que toutes les dispositions du règlement à intervenir seraient*
» *conçues au point de vue* LE PLUS GÉNÉRAL.

» Nous avons demandé et obtenu que l'autorisation d'établir un ma-
» gasin ne fut accordée que par la Chambre de commerce ou le Conseil
» des manufactures, des arts et métiers entendus.

» Il nous a semblé, d'une part, que les localités trouveraient dans
» cette disposition *un moyen plus facile d'obtenir l'ouverture des ma-*
» *gasins* qui pourraient être utiles au mouvement de leurs affaires; et
» que de l'autre, le Gouvernement toujours éclairé refuserait plus sûre-
» ment la création d'établissements inutiles ou même préjudiciables au
» véritable intérêt public. »

C'est clair ; c'est précis.

L'administration devra se montrer LARGE et LIBÉRALE dans la
concession des autorisations de magasins généraux.

Plus de monopole consacré.

Assurance formelle donnée par les Commissaires du Gouvernement que toutes les dispositions du règlement à intervenir
seraient conçues au point de vue le plus général.

Donc, un second magasin-général étant utile à la ville de

Marseille, la Chambre de commerce entendue, le Ministre de l'agriculture, du commerce et des travaux publics ne peut se refuser à l'autoriser. Lui-même, M. Rouher, dans une circonstance solennelle a spontanément déclaré que la loi du 28 mai 1858 c'était la liberté, plus la surveillance et moins l'abus mais que c'était la liberté, et que le Gouvernement entendait la respecter scrupuleusement.

Les rétrocessionnaires du dock-entrepôt de la Joliette essaieraient-ils de prétendre qu'ils sont protégés encore pendant six ans contre toute concession d'un nouveau dock ou magasin-général ? S'ils le prétendaient, ils s'exposeraient à ce qu'on leur demandât sur quoi ils fondent cette prétention ?

Tenteraient-ils de l'abriter derrière les articles 3 et 4 de leur traité du 14 octobre 1856 ? Voici ces deux articles textuellement reproduits :

Art. 3. « Pour prix de la concession qui lui est faite, la Compagnie
» représentée par M. Paulin Talabot, paiera à la ville de Marseille pen-
» dant 99 ans, une redevance annuelle de 50,000 fr. pendant les 30
» premières années, à partir de la *mise en exploitation restreinte du*
» *Dock*, telle qu'elle est déterminée par l'art. 13 du cahier des charges,
» et de 100,000 fr. aussi par an pendant le reste de la concession.

» Art. 4. En exécution de son traité avec l'Etat, la ville de Marseille
» se réserve la faculté de demander la concession d'un DEUXIÈME Dock,
» lequel devra être établi au Sud de l'ancien port.

» Toutefois cette concession ne pourra avoir lieu qu'après un délai de
» six ans, *à partir de l'époque FIXÉE pour l'achèvement du Dock de la*
» *Joliette.*

« 14 Octobre 1856.

» Signé : Paulin TALABOT.   HONNORAT. »

Si les rétrocessionnaires répondaient qu'ils fondent leur prétention sur les deux articles ci-dessus, il leur serait répliqué que si ce traité lie le Conseil municipal de Marseille, il ne lie pas la Chambre de commerce de cette ville et encore moins l'État représenté par M. le Ministre de l'agriculture, du commerce et des travaux publics.

Or, la loi du 28 mai 1858 a mis complètement à l'écart la ville de Marseille, comme elle y a mis la ville du Havre et la ville de Paris.

Ceux qui se proposeraient d'établir à Marseille un magasin-général n'ont plus à traiter avec la Ville : ils ne relèvent plus que du ministre compétent, la Chambre de commerce entendue.

Cela est incontestable, si incontestable que cela dispense d'insister sur ce fait qu'en traitant avec M. Talabot, l'ancien maire de Marseille, l'honorable M. Honnorat, a mis dans son traité portant la date du 14 octobre 1856, quoiqu'il n'ait été définitivement approuvé que plus tard, ce qui n'était ni dans la convention du 10 juin 1854, ni dans la loi du 23 octobre 1856.

La convention du 10 juin 1854 s'exprimait ainsi :

« Art. 4. L'État s'engage à accorder à la ville de Marseille la faculté
» d'établir un ou DEUX docks à son choix, ou de faire la concession de
» gré à gré ou par adjudication de cette faculté aux conditions que la
» Ville jugera convenables, l'État se réservant toutefois le droit de régle-
» mentation et de tarif. »

La loi du 23 octobre 1856 se bornait à dire :

« Art. 39. La ville de Marseille conserve la faculté de demander la
» concession d'un DEUXIÈME dock, aux termes de la convention du
» 10 juin 1854. »

On le voit : ni la convention du 10 juin 1854, ni la loi du 23 octobre 1856, ne prescrivent, ne mentionnent même que l'établissement d'un deuxième dock *« ne pourra avoir lieu qu'après un délai de six ans à partir de l'époque fixée pour l'achèvement du dock de la Joliette. »*

Il a donc été mis dans le traité du 14 octobre 1856 une restriction qui n'était ni dans la convention du 10 juin 1854, ni dans la loi du 23 octobre 1856, mais cette restriction y eût-elle été énoncée qu'elle fût tombée d'elle-même devant le régime nouveau de la loi du 28 mai 1858. Le monopole est un fait; la liberté est un principe. Devant le principe qui lui est supérieur le fait s'efface.

Cela est si vrai, cela est si incontestable qu'un magasin-général a été autorisé au Havre nonobstant l'existence de la Compagnie des docks-entrepôts du Havre ; que plusieurs magasins-généraux ont été autorisés à Paris, notamment le magasin-général de Bercy, objet d'une Société anonyme, présidée par M. le duc de Valmy, nonobstant l'existence de l'entrepôt des Marais, devenu les docks Napoléon.

Ces précédents sont décisifs et concluants. Ils rendent sur ce point toute insistance superflue. Le Conseil municipal de Marseille n'a pas eu le pouvoir d'enchaîner l'initiative ministérielle, encore moins l'action législative. Ce que la loi du 28 mai 1858 a fait, elle a eu le droit de le faire.

Tout ce qu'on pourrait s'efforcer d'alléguer, c'est que le magasin-général que tout particulier a le droit de créer avec l'autorisation du ministre compétent, la Chambre de commerce entendue, n'implique pas le privilége d'entrepôt réel.

Commençons par dire que le mot *Dock* n'est pas français. Il est allemand. Il veut dire *Magasin sur l'eau*. Il n'a, en France, aucun sens légal. Il ne correspond à aucune prescription ni de la loi ancienne, ni de la loi nouvelle.

Le mot germanique *Decken*, dont les Anglais ont fait *Dock* écarté: que signifie le mot français Entrepôt ?

Entrepôt signifie légalement magasin autorisé dans lequel les marchandises soumises à un droit fiscal (douanes, contributions indirectes, octroi) sont provisoirement affranchies de ce droit et ne l'acquittent que lorsqu'elles sortent du magasin pour être livrées à la consommation intérieure. Si elles en sortent pour être réexpédiées soit à l'étranger, soit dans une localité où le droit n'est pas dû , elles sortent *franco* de l'entrepôt.

Magasin-Général est une dénomination nouvelle, créée par les décrets du 21 mars 1848 et 17 décembre 1852, consacrée par la loi du 28 mai 1858, et qui s'applique maintenant soit à des magasins qui ont, de par la législation spéciale sur les douanes et les contributions indirectes, le privilége d'exempter temporairement la marchandise emmagasinée du paiement des droits fiscaux, soit le droit d'émettre des warrants et d'avoir des salles de ventes publiques.

Pourquoi l'administration des Douanes , pourquoi l'administration des Contributions indirectes refuseraient-elles au magasin-général qui serait créé à Marseille, le privilége d'exempter temporairement à l'entrée la marchandise emmagasinée du paiement des droits fiscaux ? Quel intérêt y auraient ces deux administrations ? En quoi sont-elles liées par le traité du 14 octobre 1856 , conclu entre la ville de Marseille et M. Paulin Talabot ? Aucune des deux n'y est intervenue.

Par la loi du 10 juin 1854 , qui approuve le traité contenu dans la délibération du Conseil municipal du 16 janvier 1854 , relative aux terrains de l'ancien Lazaret, l'Etat ne s'est point engagé à n'accorder à la ville de Marseille qu'un seul dock. C'est le contraire expressément qui a eu lieu. Il s'est engagé formellement « à accorder à la ville de Marseille la faculté » d'établir un ou DEUX docks »

Mais qu'importe ! le dock-entrepôt de la Joliette , fût-il entrepôt réel des douanes , entrepôt réel d'octroi, entrepôt réel des sels , entrepôt réel des sucres en quoi en serait-il plus avancé , en quoi en serait-il plus privilégié , en quoi en serait-il mieux garanti , mieux abrité contre une concurrence que tous les vœux de Marseille appellent ? La ville de Marseille , libre-échangiste , est pour la concurrence contre le monopole, pour l'égalité contre le privilége ; elle est enfin pour le droit commun.

Le rétrocessionnaire de la ville de Marseille, M. Paulin Talabot, n'a pas plus le privilége des magasins-généraux à Marseille qu'il n'a le privilége du commerce de l'huile ou du savon.

Le magasin-général aurait sur le dock-entrepôt de la Joliette l'avantage de n'être pas tenu envers la ville de Marseille à lui payer d'abord 50,000 francs par an pendant 30 ans, puis ensuite 100,000 fr. par an pendant 69 ans, ce qui, en ne tenant pas compte des intérêts composés, ferait 8 millions 400,000 fr., et en tenant compte des intérêts composés, 67,195,849 francs.

Le magasin-général n'ayant à payer aucune redevance, nul doute qu'il n'arrivât à Marseille, au dock-entrepôt Paulin Talabot, grevé de huit millions 400,000 francs, sans les intérêts comptés, ce qui est arrivé au Havre, au dock-entrepôt Joseph Périer, lequel est obligé de donner chaque année 30 0/0 de ses recettes brutes de magasinage pour prix de la rétrocession qui lui a été faite. Cette redevance qui s'est élevée jusqu'à 175,000 francs par an s'est nécessairement traduite par des tarifs élevés. Aussi le magasin-général, par la modération de ses tarifs et l'économie de ses dépenses, l'a-t-il emporté sur le dock-entrepôt. Au Hâvre la liberté a vaincu le privilége, elle le vaincrait pareillement à Marseille.

Le dock-entrepôt de la Joliette a été construit avec un grand luxe de pierres. C'est un monument et presque une forteresse. A elles seules les dépenses de fondations se sont élevées à près de deux cent francs par mètre. Et cela s'explique naturellement. Le dock-entrepôt de la Joliette repose sur un sol qui la veille était de l'eau. A peine si le soleil avait eu le temps de sécher et d'affermir ses terrains mouvans, conquis sur la mer. Le magasin-général profiterait de la leçon que le dock-entrepôt de la Joliette a si chèrement payée. Il choisirait un sol ferme qui ne coûtât pas 200 francs par mètre en frais de pilotis et de fondation; tout en s'établissant à quai, il s'appliquerait à ce que les prix d'acquisition ne dépassassent pas une moyenne qui

rendît l'entreprise certainement profitable. Tout en faisant la
part au risque d'incendie, il viserait à l'incombustion (1) mais
non à la fortification; il n'entreprendrait pas de faire concurrence au génie militaire. Le génie commercial et le génie
militaire ont deux manières d'opérer qui n'ont rien de pareil.
Le génie commercial commence par retrancher tout ce qui est
dispendieusement inutile pour n'exécuter que ce qui sera lar-
gement profitable. Il sait ce qu'ignore le génie militaire, il sait
la puissance du capital épargné et de l'intérêt composé. Il sait
ce que c'est que l'assurance. Il proportionne la prime au risque
et lorsque le risque à craindre est au-dessous de la prime à
payer, il ne paye pas la prime et il court le risque. Il a raison.
Si tout ce que l'on dépense follement en fortifications qui se
délabrent dans le désœuvrement et en armements qui s'usent
dans l'attente était épargné et productivement placé pour servir,
au jour d'une guerre défensive, à armer en masse toute la
nation menacée dans son indépendance, que de milliards
seraient économisés, car une grande nation ne se protége pas
moins efficacement par sa richesse que par sa force! Si la vic-
toire est aux gros bataillons, elle est bien plus certainement
encore aux grosses piles d'écus.

Plus qu'inutiles, nuisibles sont les grosses constructions
quant il s'agit de magasin-général, car nécessairement des tarifs
de magasinage devront sous peine de ruine et de liquidation,

(1) Les bâtiments du dock-entrepôt de la Joliette sont rendus incombustibles par
des dispositions qui n'ont été réalisées nulle autre part, soit par l'isolement de tous les
magasins entr'eux au moyen de murs épais et de fermetures en fer, soit par la construction des sols des étages qui sont formés de voûtes en briques portées par des
poutres en fer, soit enfin par la forme des colonnes en fonte, supportant ces poutres,
parce que ces colonnes sont creuses et ventilées intérieurement de telle sorte que
dans le cas où toute la marchandise contenue dans un magasin prendrait feu, cette
fonte étant exposée au brasier d'un seul côté et incessamment rafraîchie de l'autre, ne
pourrait pas se ramollir de manière à céder sous la charge comme cela a eu lieu souvent
et récemment encore à l'entrepôt d'Anvers. Par des dispositions nouvelles, toutes les
ferrures employées pour relier les murs et les poutres portant les sols des étages, rem-
plissent leur mission indépendamment des variations de la température.

se proportionner aux dépenses de premier établissement. Moins ses dépenses auront été considérables et plus ses tarifs seront modérés. Or, plus ses tarifs seront modérés et plus il aura d'avantages sur les concurrences qui seront condamnées à traîner le boulet de tarifs trop lourds. Le double exemple du Havre est là pour l'attester. Le magasin-général Quesnel, l'entrepôt libre, luttant contre le dock-entrepôt rétrocédé en 1857 à la Compagnie Périer, couvre déjà une surface de 40,000 mètres, qui lui permet de contenir de 50 à 60,000 tonnes. Que Marseille fasse ce que le Havre a fait avec le plus grand succès et aux applaudissements du commerce tout entier ! Que Marseille couvre d'un magasin-général le quadrilatère compris entre le quai Rive-Neuve et le boulevart de la Corderie, entre le Bassin de Carénage et la rue Fort-Notre-Dame-de-la-Garde et le magasin-général assis sur la rue Sainte-Catherine sera à Marseille au dock-entrepôt de la Joliette tout au moins ce qu'est, à Londres, au London-dock le St-Katharine's dock.

Marseille ainsi que Londres aurait donc aussi son dock Sainte-Catherine.

Londres a six *docks*, cinq *wharves*, quatre-vingt-sept *sufferance wharves*, pourquoi la capitale maritime de la France n'aurait-elle pas deux docks ? N'est-ce pas le moins à quoi elle ait droit ?

Le vieux port, bien que traité de Burgrave maritime, non par les marins consommés mais par des esprits superficiels, est donc assuré qu'il n'aura pas besoin d'attendre six années pour voir s'élever le magasin-général qu'il a le droit de réclamer, grâce à la législation nouvelle, grâce à la liberté qui a détrôné le monopole.

III

Le Rédacteur en chef du *Courrier de Marseille* le sait : c'est lui qui, en les élevant à la hauteur d'articles, a donné à de

simples notes , à lui par moi amicalement remises , une importance et un retentissement auxquels elles ne prétendaient au-
cunement ni pour le fond ni par la forme. De graves intérêts
que je ne déguise pas m'ont appelé à Marseille ; ils m'y retien-
nent depuis un mois ; ils étaient trop considérables pour que je
restasse spectateur indifférent de la lutte si vive engagée entre
M. Paulin Talabot et M. Emile Pereire, et de la ruine relative
dont le Sud de Marseille est menacé par le percement, au Nord,
de la rue Impériale qui va achever de porter exclusivement
tout le mouvement maritime et commercial vers les terrains
de la Joliette, sur lesquels est déjà bâti le dock-entrepôt
prêt à s'ouvrir ; sur lesquels vont se construire le nouvel Hôtel
des Douanes et la nouvelle Manufacture des Tabacs ; près
desquels vont s'élever le Grand Hôtel projetté par M. Emile
Pereire et en face de ce Grand Hôtel le nouveau Grand-Théâtre
appelé à remplacer l'ancien Grand-Théâtre de la rue Beauvau,
accusé, ce qu'on ne peut nier, d'entourage compromettant et
dont le bail, c'est un fait, consenti à la Ville moyennant
40,000 fr. par an, expire dans deux années. Les intérêts qui
m'attachent au Sud et me font soldat de sa cause, m'ont naturellement conduit à essayer de me rendre exactement compte
des voies et moyens que possède la ville de Marseille pour
empêcher que le Nord ne fît pencher et tomber la balance tout
entière de son côté. Ainsi s'explique dans la presse de Marseille
mon intervention ; elle s'explique, non par une sotte prétention de me mêler de ce qui ne me regarderait pas et de jouer
ici le rôle de la mouche du coche, mais par un intérêt privé
hautement avoué, et chèrement acheté, car je représente une
société qui a fait à la voie publique l'abandon gratuit de 64,000
mètres de terrains représentant, argent déboursé, 1,400,000
francs, et qui aura contribué pour 500,000 francs à la dépense
de la coupure du fort Saint-Nicolas; total 1,900,000 francs.

Cette explication , qui était nécessaire, étant donnée, je
réponds à l'auteur de la communication intitulée : LE DOCK DE
RIVE-NEUVE et signé J. Devaux.

Est-ce un contradicteur timide ?

Est-ce un approbateur déguisé ?

Que veut-il ?

Veut-il éclaicir un doute ?

Veut-il provoquer une discussion ?

C'est, je l'avoue, ce qu'il ne m'a pas paru possible de démêler distinctement.

Adversaire ou auxiliaire, M. Devaux ne conteste pas que dans quelques mois le dock-entrepôt de la Joliette exercera son monopole pour la pleine exploitation duquel, — c'est le dock lui-même qui le déclare avec un juste orgueil, — « il a élevé de gigantesques constructions, qui ont déjà coûté 15 millions de francs, non compris 4 millions d'achat de terrains, ensemble 19 millions ; constructions de 8 étages représentant une superficie de 80,000 mètres carrés devant emmagasiner 160,000 tonnes de marchandises ; constructions, qui si grandioses qu'elles soient, ne forment encore qu'un tiers des travaux projetés par la société rétrocessionnaire de la Ville. » M. Devaux ne conteste pas qu'en 1863, lorsque les 160,000 tonnes de marchandises auront successivement pris le chemin du dock-entrepôt de la Joliette, il ne restera plus aux magasins particuliers que celles des marchandises uniquement assujéties à l'entrepôt fictif, et qui n'auront à frapper ni au guichet du warrant ni à la porte de la salle des ventes publiques de marchandises en gros, deux institutions toutes nouvelles en France.

Or ce serait, quand on est allé à Londres et à Liverpool, fermer les yeux à l'évidence du fait accompli et nier le mouvement démontré par lui-même que de ne pas voir l'immense, l'incalculable, l'heureuse, la féconde transformation que l'institution combinée du warrant et des ventes publiques de marchandises en gros est appelée à opérer dans les transactions du commerce à Marseille. Pourquoi cette nouvelle et double puissance y serait-elle moins grande qu'à Londres, à Liver-

pool, à Hull, à Bristol, à Glocester, à Leith, à Sunderland ?
Vainement et bêtement on essaierait de dire que les habitudes,
que les idées, que les préjugés du commerce français s'oppo-
sent et s'opposeront à l'adoption du warrant et à l'usage
des ventes publiques de marchandises en gros ! Ce serait
comme si l'on avait dit, il y a dix ans, que le commerce
français, habitué à garder strictement le secret de ses opérations, ne consentirait jamais pour les activer à se servir du
télégraphe électrique. La concurrence est la loi du commerce.
Tout progrès que la concurrence impose est donc un progrès
si inévitable qu'on peut dire avec certitude : Préjugé hier,
progrès demain. Et d'ailleurs, Marseille, grande ville maritime, n'est pas une ville de commerce français, c'est une ville
de commerce universel, conséquemment obligée d'exécuter
les ordres qui lui viennent de toutes parts, des points les plus
éloignés, des points les plus opposés.

Le dock-entrepôt de la Joliette exerçant cette triple puissance :

1° Monopole de l'entrepôt réel pendant six années à partir
de son achèvement, aux termes de son traité du 14 octobre
1856 avec la Ville ;

2° Droit de battre monnaie sous le nom et la forme de
warrant ;

3° Autorisation de ventes publiques de marchandises en gros;

Il est indubitable qu'avant peu de temps les marchandises
assujetties seulement à l'entrepôt fictif ne tarderont pas, elles
aussi, à prendre le même chemin que les marchandises assujetties à l'entrepôt réel, et que les magasins particuliers appelés Domaines, à moins qu'ils n'obtiennent l'autorisation de se
convertir en magasins-généraux, c'est-à-dire à moins qu'ils
n'obtiennent chacun l'autorisation d'émettre des warrants et
d'avoir des salles publiques de ventes de marchandises en gros,
se verront tous rapidement déserter. Ils doivent s'y attendre et
prendre dès à présent leurs mesures en conséquence. Ce n'est

point en regardant à ses pieds qu'on échappe à l'abîme, c'est en levant les yeux et en le mesurant de loin.

Les magasins particuliers qui servent aujourd'hui à l'entrepôt réel et à l'entrepôt fictif des marchandises peuvent-ils échapper à leur condamnation ?

— Non.

Comme magasins particuliers, ils sont irrévocablement condamnés, moins encore par le décret qui les frappe que par le progrès qui les sape.

Ils ne peuvent plus se sauver qu'en se transformant, qu'en s'unissant, qu'en s'agrandissant, qu'en changeant de nom, qu'en s'appuyant sur le warrant et sur les ventes publiques de marchandises en gros.

Qu'il ne soit donc plus question ici des magasins particuliers. Il ne leur reste que le temps de se convertir avant de mourir.

Mais se convertir, le peuvent-ils ?

C'est ce dont M. Devaux paraît douter.

« Nous hésitons, dit-il, à considérer comme non avenu
» l'article 4 du traité du 14 octobre 1856, par lequel il est
» déclaré que, en exécution de son traité avec l'État, la ville
» de Marseille se réserve la faculté de demander la concession
» d'un *deuxième* dock, lequel devra être établi au *Sud* de
» l'ancien port, mais que cette concession ne pourra avoir lieu
» *qu'après un délai de* six ans, *à partir de l'époque* fixée *pour*
» *l'achèvement du Dock de la Joliette.* ».

M. Devaux ajoute ce qui suit : « Il ne pourrait pas être que
» M. Talabot fût disposé à donner une interprétation léonine à
» son contrat avec la Ville ; il ne pourrait pas se faire qu'un
» serpent fût caché sous le dispositif de l'article 4. *Anguis in*
» *herba*. Puisqu'il y a une époque, cette époque a couru, elle
» court, elle n'a plus à courir que les six années convenues. »

Il importe de bien poser la question si l'on veut la résoudre, de la bien serrer si l'on ne veut pas qu'elle oscille.

Qu'est-ce que la ville de Marseille a rétrocédé à M. Paulin

Talabot ? Elle lui a rétrocédé par traité en date du 14 octobre 1856, le droit d'établir un des deux docks-entrepôts que l'État lui avait concédé, à elle, par convention en date du 10 juin 1854.

Il est incontestable et incontesté que le monopole, *temporairement limité* de l'entrepôt réel appartient à la société anonyme formée sous la dénomination de *Compagnie des docks et entrepôts de Marseille* autorisée par décret du 23 février 1859.

A quelle époque expirera ce monopole temporairement limité ? Il expirera « *après un délai de six ans à partir de l'époque* FIXÉE *pour l'achèvement du dock de la Joliette.* »

Quelle époque a été *fixée* pour l'achèvement ?

—Aucune.

Si aucune époque n'a été fixée pour l'achèvement, comment du moins, cet achèvement se constatera-t-il afin de faire courir le délai de six ans ?

— Cet achèvement se constatera ainsi qu'il est dit article 16 du cahier des charges annexé au traité du 14 octobre 1856 :

« Lorsque les travaux seront terminés, il sera procédé à leur réception
» par un ou plusieurs commissaires que l'administration désignera. Le
» procès-verbal dressé pour cette réception ne sera valable qu'après homo-
» logation du ministre de l'agriculture, du commerce et des travaux pu-
» blics, qui préalablement prendra l'avis du ministre des finances. »

Cette constatation ainsi prévue et ainsi réglée a-t-elle eu lieu ?

—Non ; donc le délai de six ans ne court pas encore. Il ne courra qu'après le procès-verbal dressé pour réception, l'homologation du ministre de l'agriculture, du commerce et des travaux publics et l'avis du ministre des finances. En affaires, il ne faut point se payer de phrases, fussent-elles latines. Ce ne sont point les mots : *Anguis in herba* qui arrêteront M. Paulin Talabot et quand il se retranchera dans les termes stricts de son traité, il niera hautement qu'il lui donne une interprétation léonine.

Donc, point de phrases, point de grands mots, point d'illusions !

Le délai des six ans pendant lequel la *Compagnie des docks et entrepôts de Marseille* sera en possession exclusive de l'entrepôt réel n'a pas encore légalement, administrativement, judiciairement commencé à courir. Il ne courra qu'à partir d'avril ou de juin 1863, époque à laquelle le directeur de l'administration des douanes à Marseille compte prendre possession des docks-entrepôts ; conséquemment le délai de six ans n'expirerait qu'en 1869 et encore resterait-il à interpréter le § 2 de l'article 4 du traité du 14 octobre 1856.

Dans ce § 2, il est dit : « Toutefois cette concession ne » pourra avoir lieu qu'après un délai de six ans… »

Est-ce à dire qu'il faudra attendre l'expiration des six ans avant de pouvoir demander et obtenir la concession prévue, ou est-ce à dire que le second dock-entrepôt, expressément réservé au Sud, fonctionnant d'abord comme magasin-général, pourra s'étendre et venir faire concurrence au premier dock-entrepôt rétrocédé au Nord, sans aucun retard, six ans après que celui-ci aura été régulièrement reçu ? Dans le premier cas, il faudrait alors ajouter au délai de six ans tout le temps qui serait nécessaire pour construire le second dock-entrepôt au Sud ; n'y mit-on que deux ans, au lieu de six, que l'addition de ces deux années équivaudrait à un monopole temporaire de huit ans au profit de la *Compagnie des docks et entrepôts de Marseille.*

Il importe donc, de chaque côté, de se retrancher, sans scrupule exagéré, dans son droit strict.

Le droit strict de M. Paulin Talabot, c'est le traité du 14 octobre 1854, c'est le monopole temporaire.

Le droit strict que j'ai revendiqué, c'est la loi du 28 mai 1858, c'est la liberté surveillée.

La loi qui régit les Entrepôts, c'est la loi du 27 février 1832.

La loi qui régit les Magasins-généraux, c'est la loi du 28 mai 1858.

Ces deux lois, sont deux lois complètement distinctes.

Qui dit *Entrepôts* dit : Fisc.

Qui dit *Magasins-généraux* dit : Crédit.

Ai-je demandé qu'il fut créé au Sud prématurément un second dock-entrepôt ?

Non ; j'ai demandé qu'il fût immédiatement créé au Sud un magasin-général et j'ai ajouté : « Si demain un second magasin-général pouvait être construit du matin au soir, rien n'empêcherait qu'il pût être ouvert après-demain, si le ministre compétent, la Chambre de commerce entendue, en avait reconnu l'avantage. »

Ce droit que j'ai revendiqué, nul ne l'a contesté, nul ne le contestera. Il est formel.

La Compagnie des docks et entrepôts de Marseille l'a elle-même reconnu en tête de ses statuts autorisés le 23 février 1859, car : TITRE Ier, il est dit :

« ART. 5. L'exploitation du dock comprend : toutes opérations auto» risées par les lois et règlements qui régissent l'institution des magasins» généraux. »

« ART. 6. L'exploitation du dock comprendra également les opérations » de ventes publiques, marchandises en gros *dans le cas où la Société* » *serait* AUTORISÉE *à créer des ventes dans ses établissements.* »

En effet, la ville de Marseille, par son traité du 14 octobre 1856, ne pouvait pas conférer à son rétrocessionnaire des droits qu'elle ne possédait pas, des droits que la convention du 10 juin 1854 ne lui avait pas conférés, des droits qui n'existaient pas encore, car ils n'existent que depuis que les deux lois du 28 mai 1858 les ont réglés.

De ce qui précède voici ce qui découle :

La société anonyme autorisée le 23 février 1859, sous la

dénomination de *Compagnie des docks et entrepôts de Marseille*, et qui avait traité avec la Ville le 14 octobre 1856, a le privilège de l'entrepôt réel aux termes des articles 1er et 10 de la loi du 27 février 1832 (1), mais elle n'a pas le privilège exclusif de magasin-général ayant pour attributs le droit d'émettre des warrants et d'ouvrir des salles de ventes publiques de marchandises en gros.

Pour établir un magasin-général, il suffit d'une autorisation du ministre compétent, la Chambre de Commerce entendue.

Rien de plus simple que la marche à suivre ; elle est tracée

---

(1) *Loi relative à la création facultative d'Entrepôts dans l'intérieur et aux frontières.*

TITRE Ier. — ART. 1. Il pourra être établi par ordonnance du roi des *entrepôts réels* de douane dans toutes les villes qui le demanderont et qui rempliront les conditions déterminées par le titre 2 de la présente loi.

... ART. 3. Le séjour des marchandises en entrepôt ne pourra excéder les trois années fixées par l'art. 14 de la loi du 17 mai 1826.

... ART. 6. Les marchandises reçues dans lesdits entrepôts pourront en être retirées — soit pour la consommation *après avoir acquitté les droits du tarif en vigueur* — soit pour la réexportation, ou pour passer par simple mutation dans un autre entrepôt réel.

TITRE II. — ART. 9. Pour obtenir l'établissement de l'entrepôt, les villes auxquelles la faculté en aura été accordée, devront préalablement y avoir affecté un bâtiment spécial, isolé et distribué intérieurement de manière à ce qu'on puisse y classer séparément, selon qu'il pourra être prescrit par les ordonnances du roi, les marchandises d'origines diverses.

Le même bâtiment devra offrir la distribution convenable pour l'établissement des corps-de-garde des préposés de douanes, etc., etc.

Les édifices devront avoir été agréés par le Gouvernement.

ART. 10. Les villes devront pourvoir à la dépense spéciale nécessaire par la création et le service desdits entrepôts.

Ces villes jouiront des droits de magasinage, conformément aux tarifs qui seront concertés avec les Chambres de Commerce, approuvées par le Gouvernement.

Elles pourront faire concession temporaire de ces droits, avec concurrence et publicité, à des adjudicataires qui se chargeraient de la dépense du local, de la construction et de l'entretien des bâtiments, ainsi que de toutes les autres charges de l'entrepôt.

Le commerce, représenté par la Chambre de Commerce du lieu, pourra, sur le refus du Conseil Municipal, se charger de remplir les mêmes obligations, au moyen d'une association d'actionnaires qui sera constituée en société anonyme.

en ces termes par le règlement d'administration publique du 12 mars 1859.

« ART. 1er. Toute demande ayant pour objet l'autorisation d'ouvrir un
» magasin-général ou une salle de ventes publiques, est adressée au
» Ministre de l'agriculture, du commerce et des travaux publics, par
» l'intermédiaire du Préfet, avec l'avis de ce fonctionnaire et celui des
» corps désignés dans les lois du 28 mai 1858. Le Ministre des finances
» est consulté lorsque l'établissement projeté doit être placé dans des
» locaux soumis au régime de l'entrepôt réel ou recevoir des marchan-
» dises en entrepôt fictif. Les autorisations sont données par décrets ren-
» dus sur l'avis de la section des travaux publics, de l'agriculture et du
» commerce du Conseil d'État. — L'établissement peut être formé spé-
» cialement pour une ou plusieurs espèces de marchandises. »

« ART. 2. Toute personne qui demande l'autorisation d'ouvrir un ma-
» gasin-général ou une salle de ventes publiques doit justifier des res-
» sources en rapport avec l'importance de l'établissement projeté. »

Si la rive gauche du vieux port, si le Sud a une chance
d'échapper au délaissement et à la ruine qui l'attendent aussitôt que le dock-entrepôt de la rive droite sera en plein
exercice de sa triple attribution, ce ne sera que par la demande
adressée au ministère, sans aucun retard, d'être autorisé par
lui, sans aucun délai, à établir au quai de Rive-Neuve un
magasin-général.

Deux années suffiraient pour construire ce magasin-général,
si les travaux en étaient menés comme ont été construits à
Paris les travaux du Grand-Hôtel que M. Émile Pereire a bâti en
quinze mois. Ce magasin-général lutterait, à armes égales,
contre le dock-entrepôt en ce qui serait relatif à l'émission des
warrants et aux salles de vente publique de marchandises en
gros. Ce serait déjà beaucoup. Il n'aurait pas l'entrepôt réel,
mais il aurait l'entrepôt fictif et l'entrepôt libre. Avec les
warrants, avec les salles de vente publique de marchandises
en gros, avec l'entrepôt fictif et l'entrepôt libre, il pourr il
attendre patiemment l'année 1869, c'est-à-dire l'a

laquelle expirera le privilége temporaire d'entrepôt réel con-
féré à la Compagnie Paulin Talabot par le traité du 14 octobre
1856. Le magasin-général au Sud aurait sur le dock-entrepôt
au Nord le désavantage pendant six ans de n'avoir pas l'entrepôt réel, mais il aurait sur lui par compensation, l'avantage
de n'avoir point à payer à la Ville 50,000 francs par an pendant 30 ans, 100,000 francs par an pendant 69 ans, ce qui,
en ne tenant pas compte des intérêts composés, équivaut à
8,400,000 francs, et, si l'on tient compte des intérêts composés, équivaut à 67,595,149 francs.

Le dock-entrepôt au Nord ayant pendant six ans le privilége
de l'entrepôt réel et le magasin-général au Sud n'ayant pendant
ces six années que l'entrepôt fictif, quelle sera, l'un vis-à-vis
de l'autre, la situation relative de ces deux établissements? En
d'autres termes, quelle est la différence existante entre l'entrepôt réel et l'entrepôt fictif?

Mais d'abord que signifie exactement le mot Entrepôt?

L'Entrepôt succédant aux ports francs, institution vieillie,
l'Entrepôt, conception de Colbert, signifie : faculté accordée
aux marchandises étrangères de séjourner pendant un temps
fixé et sur des points déterminés et d'en repartir en exemption
de paiement de tous droits.

L'Entrepôt proprement dit, tel qu'il a été rétabli par la loi
du 8 floréal an XI, est l'emplacement ouvert de plein droit aux
marchandises que l'on apporte volontairement sans qu'elles
soient encore destinées pour la consommation de la France et
qu'on se réserve de réexporter en franchise, s'il convient de
les revendre à l'étranger. Les lois des 9 et 27 février 1832 ont
complété le système ; la première, en ouvrant l'entrepôt aux
marchandises prohibées ; la seconde, en autorisant les villes de
l'intérieur et des frontières à établir aussi des entrepôts.

L'Entrepôt est considéré comme un territoire neutre.

Il se divise en *Entrepôt réel* et en *Entrepôt fictif*.

col constitu ans magasin spécial, gardé par la

douane et formant à deux clés, l'une laissée au commerce, qui demeure en possession de sa marchandise, la garde et en assure la conservation ; l'autre entre les mains de la douane, pour que la marchandise forme le gage des droits et dont toute la charge se borne à empêcher que rien ne soit à son insu, extrait des magasins : c'est l'*Entrepôt réel*.

L'entrepôt établi dans des magasins particuliers dont la douane n'a pas la clé, mais où elle a un libre accès pour reconnaître l'existence des marchandises qui ne doivent être déplacées qu'avec sa permission ou retirées qu'après le paiement des droits, attendu qu'elle n'a point ici le gage des droits sous sa clé et sous sa garde continuelle, l'entrepôt qui donne, en échange de ces garanties, l'engagement cautionné de l'entrepositaire de représenter les marchandises à toute réquisition et de les réexporter ou de payer les droits avant le terme fixé : c'est l'*Entrepôt fictif*.

Le délai d'entrepôt réel est de trois ans et peut être prolongé.

Le délai d'entrepôt fictif est d'une année. A Marseille, par exception, à Marseille, autrefois port franc, il est de deux ans (1).

L'entrepôt réel reçoit : 1.° les marchandises prohibées, mais depuis la réforme douanière de 1860, il n'y a plus de prohibition que celles qui pèsent sur le tabac et les armes de guerre ; 2° toutes les marchandises tarifées.

L'entrepôt fictif reçoit les marchandises tarifées, mais il ne les reçoit pas toutes. Il ne reçoit que celles qu'il est autorisé à recevoir. Il est circonscrit dans le périmètre qui lui est tracé (2).

---

(1) Cette inégalité entre trois ans et deux ans sera très-peu sensible, dès que les ventes publiques de marchandises en gros auront pris l'énorme développement qu'elles ont acquis en Angleterre.

(2) L'entrepôt fictif ne peut être constitué que dans le périmètre de l'octroi du port (Décret du 3 septembre 1857).

L'entrepôt fictif ne peut être accordé dans les villes d'entrepôt situées sur les frontières (Décret du 14 février 1

La faculté de l'entrepôt fictif est accordée au commerce dans tous les ports d'entrepôt réel.

Pour effacer presqu'entièrement la ligne arbitraire de démarcation qui, dans tous les ports d'entrepôts réel, sépare l'entrepôt réel de l'entrepôt fictif, il suffirait, on le voit, d'étendre la nomenclature de celles des marchandises tarifées dont l'entrepôt fictif est autorisé.

Or, à l'éloge de l'administration des douanes, en France, il faut le reconnaître, ses tendances actuelles, ouvertement prononcées, sont de simplifier le plus qu'elle peut son tarif et son code, afin de laisser au commerce toute la latitude et toutes les facilités que comporte la perception des droits soit à l'entrée soit à la sortie. L'administration des douanes a reconnu et elle avoue que moins elle gêne le commerce plus elle y gagne.

Ce n'est donc point s'avancer inconsidérément que de prétendre que l'entrepôt fictif différera *légalement* de moins en moins de l'entrepôt réel, — le prohibé excepté, — je dis *légalement*, parce que l'entrepôt fictif me paraît justement condamné à disparaître si au lieu d'offrir au commerce plus d'avantages que l'entrepôt réel, il lui en offre moins, non seulement sous les rapports de la sécurité et de la surveillance, de la garantie contre le vol et de l'assurance contre l'incendie, de la célérité dans le déchargement et le rechargement, le pesage, le mesurage, la reconnaissance, le magasinage, le montage, l'arrimage, le désarrimage, mais encore sous les rapports du crédit et de la vente.

Au magasinage en grand dans l'entrepôt ayant droit de warrant et de ventes publiques de marchandises en gros, pourquoi le commerce préférerait-il le magasinage en petit dans des domiciles particuliers, n'ayant ni le droit de ventes publiques de marchandises en gros, ni le droit de warrant?

L'entrepôt isolé, nouvellement et solidement construit, sera toujours moins sujet au risque d'incendie que le magasin particulier rarement isolé et anciennement bâti. La prime d'assurance à payer y sera donc plus faible; les frais de marchandises y devraient être moindres, mais, attendu l'importance du capital engagé en constructions, le tarif y fût-il plus élevé, que, tout compte fait, le commerce s'y soumettrait et le préférerait par les motifs ci-dessus énoncés.

Faisant à la ville de Marseille l'application de ce qui précède, je répète qu'il n'y a qu'un magasin-général créé dans les termes des deux lois du 28 mai 1858, qui puisse lutter contre le dock-entrepôt de la Joliette et conséquemment maintenir l'équilibre qui va être rompu entre le Nord et le Sud de l'ancien port.

Que les scrupules de M. Devaux se dissipent pleinement ! Un magasin-général au Sud peut être loyalement et légalement autorisé, car le Conseil Municipal, qui a traité le 14 octobre 1856 avec M. Paulin Talabot, n'a point à y intervenir.

La nouvelle législation de 1858 est tout aussi libre à l'égard de la législation antérieure qu'elle a modifiée, que le nouveau tarif de douanes est libre à l'égard de l'ancien qu'il a réformé.

Puisque la liberté acquise en 1858 profite à la ville de Marseille, qu'elle sache donc en tirer parti !

Il est incontestable que le quai de Rive-Neuve, quoique manquant d'étendue est le seul emplacement sur lequel puisse être construit, au Sud, un magasin-général faisant contre-poids au dock-entrepôt s'étalant au Nord sur une longueur de quais presqu'illimitée.

Mais pour que ce magasin-général se fonde sur le quai de Rive-Neuve, il faut que tous les propriétaires intéressés se réunissent et nomment entre eux ou hors d'eux, une sorte de jury de répartition qui statue sur toutes les prétentions et écarte toutes les exagérations, car ce sera là l'écueil.

Qu'ils se persuadent bien que s'ils ne poussent pas la modération jusqu'au désintéressement, que si l'intérêt public ne domine pas et n'éclaire pas en eux l'intérêt privé, il ne se trouvera ni capitaliste assez aveugle, ni capitaux assez téméraires pour oser lutter contre un monopole de six années en

droit et au moins de huit années en fait, le monopole de
l'entrepôt-réel, solidement assis sur vingt millions de constructions et abrité sous le drapeau déployé du nouvel Hôtel des
douanes.

Si les propriétaires actuels du quai de Rive Neuve ne font
pas cela, qu'arrivera-t-il ? Il arrivera que les magasins particuliers, seront successivement remplacés par des maisons de
produits et qu'en 1869 le second dock-entrepôt si formellement
réservé au Sud par la convention du 10 juin 1854, par le
traité du 14 octobre 1856 et par la loi du 23 octobre 1856,
possible légalement, ne le sera plus financièrement, car le
revenu n'en représenterait pas la dépense.

Cette considération sans réplique succombera-t-elle sous le
scrupule sans fondement de M. J. Devaux, en d'autres termes
le monopole l'emportera-t-il sur la liberté ?

Le Sud étant parfaitement sûr d'avoir son magasin-général,
est-il également sûr d'avoir sa gare de chemin de fer ?

D°

IV.

Une parole plus autorisée que la nôtre s'est chargée de répondre catégoriquement à cette question.

Voici en quels termes s'exprime à cet égard M. Jules Roux,
rapporteur de la commission d'enquête, dans son rapport si
remarquable, si lumineux, si méthodique, si impartial sur les
prétentions opposées du chemin de fer de la Méditerranée et du
chemin de fer du Midi :

» Les partisans des projets de la Compagnie du Midi ne se montrent
» point exclusifs; ils reconnaissent que le chemin direct sur Aix, la gare
» de l'Estaque et la *gare au Sud de Marseille*, sont de bonnes et utiles
» créations ; ils les désirent autant que personne ; mais ils disent : que
» le trafic actuel du chemin de la Méditerranée, augmenté bientôt de

» l'affluent du trafic de l'Italie, rend nécessaire et forcée cette triple
» extension de service. Ils disent : que cette triple extension sera *inévi-*
« *tablement accomplie*, que le chemin du littoral soit ou ne soit pas
» concédé. Ils disent par contre, et AVEC RAISON : que le chemin du lit-
» toral ne serait certainement jamais plus exécuté, si la concession en
» était refusée à la Compagnie qui la sollicite aujourd'hui. Ils demandent
» alors si dans la balance de l'enquête comparative le poids de cette
» fâcheuse éventualité peut être égalisé par le poids d'améliorations et de
» créations dont l'exécution n'est pas douteuse.

» *Qui oserait dire, que sur tous ces points, la Compagnie du*
» *Midi n'est pas dans le vrai ?* »

» Tout le monde convient que les moyens actuels sont notablement
» insuffisants : et c'est pour cela que la Méditerranée offre la ligne directe
» sur Aix et *la gare au Sud de Marseille*. Mais, ces créations forcées,
» comme on l'a dit, répondent-elles aux besoins réels des éventualités
» signalées ?

» Évidemment non. Qu'on suppose, en effet, cette gare et ce chemin
» exécutés, et qu'on se reporte à l'époque où *les convois de blé allant*
» *vers le Nord, retenaient les convois de vin PRISONNIERS dans*
« *la gare de Nimes* : quel résultat obtiendrait-on ? *La gare du Sud*
» dégagerait bien celle de Saint-Charles ; la voie directe sur Aix soula-
» gerait bien le tronc du chemin qui passe par le souterrain de la Nerthe ;
» mais tout cela s'arrêterait nécessairement à la hauteur d'Aix, d'où il
» faudrait revenir à Rognac pour reprendre la ligne de Lyon. Où serait
» donc le profit ? *En réalité on aurait rejeté l'encombrement un peu*
» *plus loin* ; et si l'on y joint l'augmentation prochaine résultant de l'af-
» fluent du trafic de Nice, l'encombrement rejeté d'abord à Rognac par
» le chemin d'Aix, puis prolongé jusqu'à Lyon sur plus de 300 kilomè-
» tres, deviendrait aussi moins embarassant et aussi nuisible que dans
» la gare elle-même. »

» La création de deux nouvelles gares à Marseille, l'une à l'Estaque,
» l'autre dans la partie méridionale de la ville, reliée à celle de Saint-
» Charles, par un chemin de ceinture, compléterait de la manière la

» plus heureuse les établissements du chemin de fer de la Méditerranée ,
» et donnerait satisfaction aux intérêts de la ville et du commerce de
» Marseille.

» La gare de l'Estaque , agrandie et reliée aux ports , par un embran-
» chement particulier , dégagera les gares de Saint-Charles et de la
» Joliette et assurera au commerce , indépendamment de beaucoup
» d'autres facilités , une économie de parcours qui n'est pas sans impor-
» tance (7 à 8 kilomètres au moins).

» La *gare au Sud* donnera satisfaction à toute la partie méridionale de
» Marseille où se trouvent des établissements industriels importants et à
» la population de ces quartiers qui ne peut aborder la gare actuelle ,
» située au Nord , que par des voies longues et dispendieuses. »

De deux choses l'une : ou ce sera le chemin de fer de la Méditerranée qui l'emportera sur le chemin de fer du Midi et dans ce
cas « les vins faits prisonniers par les blés » selon la saisissante
et pittoresque expression de M. le rapporteur Jules Roux,
seront délivrés ; c'est-à-dire que le Sud aura la gare qu'il
réclame ; ou ce sera le chemin de fer du Midi qui l'emportera
sur le chemin de fer de la Méditerranée et malgré toutes les
déclarations contraires de son éminent directeur-général,
M. Paulin Talabot, le Sud aura également et tout aussi certainement la gare qu'il revendique. Plus que noblesse encore,
concurrence oblige. Le jour où MM. Pereire , qui ont déjà posé
un pied à Marseille dans la rue Impériale y auraient posé l'autre pied dans la gare du chemin de fer du Midi, M. Talabot ne
voudra pas , ne pourra pas , le voulût-il , rester vis-à-vis d'eux
à l'état d'infériorité. Ni efforts, ni sacrifices ne lui coûteront
pour empêcher que toute l'influence qu'il possède à Marseille
et qu'il y a légitimement acquise ne passe de sa tête intelligente
sur la tête triomphante de MM. Pereire. Il voudra tout au moins
la partager avec eux par égale moitié. Il la perdrait entièrement et aurait justement mérité de la perdre s'il persistait obsti-
nément dans ses déclarations comminatoires qui, même comme
manœuvres défensives, n'ont trompé personne à Marseille.

Donc le Sud peut compter qu'il aura sa gare de chemin de fer tout aussi certainement qu'il aura son magasin-général, sans attendre 1869.

Resteront à chercher et à trouver les moyens les plus économiques de relier la gare du Sud au magasin-général du Sud. Cela dépendra de l'emplacement que la gare occupera. Où devra-t-elle être ? Sera-ce au Prado ? Au premier abord il ne semble pas qu'on puisse trouver un terrain plus convenable que celui circonscrit entre la place Castellane, le chemin du Rouet, le Prado et l'ancienne usine à gaz de Marseille. Ce point n'est pas excentrique, les voies sont ouvertes et les travaux seraient faciles. Sera-ce sur les terrains du fort Saint-Nicolas, limités au Sud par le nouveau boulevard de la Corderie, au Nord par le boulevard de l'Empereur, au Levant par le bassin de Carénage, au Couchant par l'avenue de la Résidence impériale ? Cette gare maritime étroitement reliée au magasin-général du Sud, impliquerait le chemin de Ceinture dont il a été souvent parlé et qui serait considéré comme un nouveau bienfait. La gare auxiliaire pour les voyageurs et pour les marchandises de consommation locale serait également à la place Castellane dans ce second projet, qui a été exposé, le 19 août 1862, dans le *Courrier de Marseille* avec une grande précision et une grande lucidité par un homme spécial, le constructeur du chemin de fer de Marseille à Toulon, M. Borde. Il indique comment le chemin de fer qui partirait de l'emplacement du fort Saint-Nicolas passerait en tunnel sous Notre-Dame-de-la-Garde, sur une longueur de 1,800 mètres, traverserait le Prado sur un élégant viaduc, remonterait le Jarret sur sa rive droite jusqu'à l'ancien Jardin-des-Plantes, passerait sous le Jardin Zoologique et à sa sortie, dans le quartier de Belle-de-Mai, se ramifierait à volonté vers le Nord ou vers l'Ouest.

M. Talabot sera d'autant plus aiguillonné par le désir de construire au Sud une seconde gare que MM. Pereire auront plus exclusivement circonscrit au Nord la circonférence de leur

action dans le diamètre de la rue Impériale, s'il est vrai,
comme on l'a imprimé, que, dans le cas où il l'emporterait,
le chemin de fer du Midi doive construire sur les terrains de
la Joliette, son arc de triomphe, c'est-à-dire sa gare. Alors
M. Talabot aurait sur MM. Pereire l'avantage d'avoir deux
gares, la première au Nord et la seconde au Sud, lorsque
ceux-ci n'auraient pour tout empire que le territoire de la Joliette, à moins que pour parer ce coup d'influence ils ne se
hâtent d'obtenir l'autorisation du magasin-général au Sud, autorisation qui ne saurait leur être refusée, car la Chambre de
commerce entendue ne rendrait certainement pas un autre son
que le son fidèle de l'opinion unanime. M. Paulin Talabot et
M. Emile Pereire sont deux maréchaux de France qui com-
mandent chacun à un corps d'intérêts opposés. Ils manœuvrent
en conséquence. Si M. Pereire emporte la position de la gare
du Chemin de fer du Midi, il faut absolument que M. Talabot
s'empare de la position de la gare du Sud et si M. Talabot occupe cette dernière position, il faut absolument que M. Pereire
ne pouvant l'en déloger, le devance ou le suive en occupant
la position du second magasin-général à créer. Si M. Talabot
s'emparait à la fois des deux positions qui sont à prendre,
c'est-à-dire de la gare au Sud et du magasin général au Sud,
cela lui donnerait sur son adversaire un avantage trop grand,
trop décisif pour que M. Pereire le lui laisse prendre sans se
hâter de le lui disputer. La logique des situations rivales et la
force réunie des choses contraires conspirent donc heureusement en faveur du Sud, alors même que la création d'une
Caisse des travaux de Marseille ne viendrait pas équitablement
faire contre-poids à la *Société impériale immobilière de
France*.

L'équilibre étant ainsi établi entre le Nord et le Sud, quels
sont les travaux qui resteraient à faire pour achever de placer
convenablement Marseille à la hauteur du rang qu'elle occupe
territorialement et maritimement en France ?

Territorialement, Marseille, par le chiffre de sa population, est, après Paris, la seconde ville de l'Empire français. Elle vient immédiatement après Lyon, mais avant Lille, Bordeaux, Nantes et le Havre. Marseille qui, en 1801, n'avait que 90,500 habitants, en 1835 que 148,507 habitants, en 1852 que 195,138 habitants, en comptait en 1861, — non compris une population flottante de 15 à 20,000 habitants, — 264,554 habitants, tandis qu'en 1861 Bordeaux ne comptait que 149,709 habitants, Nantes que 122,265 et le Havre que 102,009. Or, Liverpool lors de la création de son premier dock n'avait que 6,000 habitants, aujourd'hui sa population dépasse 350,000 habitants. Ces deux chiffres comparés disent quel immense développement l'avenir réserve à la ville de Marseille lorsqu'elle sera fécondée par la double action combinée du warrant et des salles de ventes publiques de marchandises en gros.

Maritimement, Marseille, par le mouvement de son commerce d'exportation et d'importation, est la première ville de l'Empire français; Marseille est donc la capitale maritime de la France.

La France, qui a tant fait pour sa capitale territoriale, ne saurait délaisser sa capitale maritime; de son côté, Marseille ne doit rien épargner pour remplir et porter dignement ce rôle et ce nom de Capitale.

V,

L'équilibre établi entre le Nord et le Sud, quels sont les travaux qui resteraient à exécuter pour achever de placer convenablement Marseille à la hauteur de capitale maritime de la France ?

Ces travaux sont de quatre sortes : ceux qui doivent être exécutés par l'État: ceux qui doivent être exécutés par la Liste civile ; ceux qui doivent être exécutés par la Ville ; ceux qui doivent être exécutés par l'Industrie.

A la charge de l'État, il reste à exécuter un Hôtel des douanes, puisqu'il y a encore des douanes, à finir la nouvelle Manufacture des tabacs et à compléter le port de la Joliette.

A la charge de la Liste civile, il reste à achever la Résidence impériale commencée depuis quatre années et qui ne serait terminée que dans sept ans, si l'on persistait à n'y appliquer qu'un crédit par trop insuffisant de cent mille francs par an. La pauvre délaissée n'a encore ni portes ni fenêtres, ce qui fait qu'elle ressemble à un palais dévasté par l'incendie ! Elle est entourée de masures qui la masquent et qui pourraient être abattues en huit jours, puisqu'elles appartiennent à la Liste civile. Cet état de lamentable délaissement prête à toutes les interprétations et à toutes les observations les moins bienveillantes. On s'étonne que le ministre dans les attributions duquel sont les Résidences impériales l'ait laissé subsister si longtemps. Il faut qu'il l'ait ignoré. Le monde entier ne voit pas la Résidence impériale de Biarritz, les embellissement de Plombières, ceux de Vichy, mais le monde entier, par les navires de toutes les nations qui entrent dans le port de Marseille, voit la Résidence impériale, sous les fenêtres de laquelle tous ces navires passent. Plus cette Résidence impériale, placée à l'entrée du port qu'elle domine de toute sa hauteur, est en vue, et plus est grand et universel l'effet fâcheux de ce délaissement infiniment trop prolongé.

A la charge de la Ville, il reste à exécuter le Musée de peinture, de sculpture et d'histoire naturelle, dont le Sénateur chargé de l'administration du département a fait préparer les plans et les devis ; il reste à convertir en parc, à l'imitation du Bois de Boulogne, à Paris, les jardins du Château Borély, travail en cours d'exécution ; plus tard, il restera à agrandir l'Hôtel-de-Ville pour le mettre plus en rapport avec le nouvel Hôtel de la Préfecture, mais c'est chose qui presse moins que le dégagement de l'Hôtel-Dieu et que l'élargissement de plusieurs rues, notamment de la rue d'Aix. La plus ancien monument de la ville de Marseille est l'église de St-Victor, dont les catacombes, de la plus haute antiquité, passent pour avoir servi de sépulture à St-Lazare. (1) Nous avons sous les yeux l'*Histoire de Marseille* par A. de Ruffi publiée en 1642. Cette histoire in-folio est dédiée à « *Monseigneur l'éminentissime Alphonse-Louis du* » *Plessis de Richelieu, cardinal, archevêque de Lyon, primat des* » *Gaules, grand aumônier de France et* ABBÉ DE St-VICTOR-lès- » *Marseille.* » Dans cette dédicace il est dit : « Favorisez-la principalement en considération du monastère St-Victor, puisque cette célèbre maison (dont le nom est illustre par toute l'Europe) vous reconnait pour le plus digne chef qui l'eût jamais régie, et que tous ces grands et saints personnages qui vous ont précédé en cette dignité, et dont on voit reluire en votre personne toutes les belles qualités, m'ont fourni la matière d'une bonne partie de cette histoire. » En effet, le livre neuvième, chapitre II est consacré tout entier à « *l'ordre et succession des abbés du monastère St-Victor.* » C'est à ce livre neuvième que sont empruntés les renseignements qu'on va lire : « Le fondateur de l'abbaye de St-Victor fut Cassien qui vécut sur la fin du IV⁰ siècle et du commencement du V⁰. Il était scythe de nation, citoyen de Constantinople, et disciple de St-Jean-Chrysostôme. Le nom de saint lui a été donné par Trithème, Castor, évêque d'Apt, Grégoire de Tours et Grégoire le Grand, par les papes Benoît IX et Urbain V dans leurs Bulles en faveur du monastère. Ses reliques reposent au monastère St-Victor où l'on célèbre sa fête le 23⁰ jour de juillet. Plus tard le monastère de St-Victor eut pour abbés Saint-Isarn qui mourut en l'an 1048, Bernard fait cardinal par le pape Alexandre II, Otton, issu du sang royal de France, etc., et enfin Guillaume de Grisard qui d'abbé de St-Victor fut fait Pape et porta le nom d'Urbain V. Urbain

(1) C'est l'opinion du célèbre annaliste anglais Roger qui a écrit au XII⁰ siècle.

aussitôt après son élection étant arrivé à Avignon, Jean roi de
France y vint pour lui rendre ses devoirs. En l'an 1365 les
Romains députèrent vers lui à Avignon le suppliant très-instam-
ment de les vouloir honorer de sa présence pour donner ordre
aux affaires de l'Église qui se trouvaient grandement ruinées
par une si longue absence du chef. Sa Sainteté leur voulant
donner ce contentement se disposa à faire le voyage et se mit
bientôt après en chemin et vint à Marseille où il séjourna près
de vingt jours, ayant pris logis en l'abbaye St-Victor, et après
s'embarqua sur des galères que la reine de Sicile, les Vénitiens,
Génois et Pisans lui avaient préparées. Enfin étant arrivé heureusement à Rome, le peuple le reçut avec une joie incroyable.
Pendant son séjour il fut visité par Pierre, roi de Chypre, et par
Jeanne, reine de Naples, qui reçut de Sa Sainteté la rose d'or,
en présence de ce prince et des cardinaux, l'un desquels se prit
à dire qu'on n'avait pas accoutumé de préférer une reine à un
roi : « *Aussi n'avez-vous jamais vu* (répondit Urbain) *aucun abbé
de St-Victor de Marseille qui ait été Pape !* » .... Finalement,
après avoir demeuré trois ans en Italie, il s'en retourna à Avignon pour travailler à l'accord des rois de France et d'Angleterre. Mais n'ayant rien pu avancer, il prit résolution de passer
la mer pour rétablir le Saint-Siège à Rome. Et comme il était
sur le point d'entreprendre ce voyage, il se trouva accueilli
d'une dangereuse maladie qui lui ayant fait connaître que Dieu
le voulait appeler, il se disposa à mourir aussi saintement qu'il
avait vécu. Après avoir été élevé au Pontificat, il ne laissa pas
de porter toujours l'habit de son ordre... Il mourut à Avignon...
Il fut enseveli à Notre-Dame-des-Doms d'Avignon *et 17 mois
après*, son *frère*, le *cardinal d'Albanie, le fit transporter*, SUIVANT
SA VOLONTÉ, au monastère St-Victor de Marseille, dans un tombeau qu'on lui dressa à côté du grand-autel. Urbain fut l'un des
plus grands hommes qui aient jamais été assis sur la Chaire
apostolique. Platine dit de lui qu'il était doué d'une singulière
vertu et d'un grand courage et qu'il menait une vie très inno-

cente. Pétrarque en divers endroits de ses œuvres lui donne de grands éloges. Sigonius dit qu'au commencement de son élection, il fut à Marseille pour voir le lieu d'où, par la Providence divine et par sa vertu, il était monté au Pontificat »

Deux autres souvenirs historiques s'attachent encore à l'abbaye de St-Victor :

En 1423, Marseille tombe au pouvoir d'Alphonse V, roi d'Aragon, qui la livre au pillage. L'abbaye de St-Victor défendue par ses moines résiste à toutes les attaques de l'armée aragonaise.

En 1437, lorsque le roi René vint à Marseille, pour la première fois, ce fut à l'abbaye de St-Victor qu'il logea et qu'il reçut en grande pompe les ambassadeurs du pape Eugène IV et de la république de Gênes.

L'église de St-Victor est classée parmi les monuments historiques ; ne fût-ce qu'à ce titre, elle aurait déjà mérité qu'on l'isolât et qu'on la restaurât comme on a isolé et restauré à Paris la Tour St-Jacques ; cela serait facile et peu coûteux ; celui des quatre côtés qui fait face au Port est dégagé ; (1) l'église n'est qu'à vingt mètres du boulevart de la Corderie ; pour la dégager entièrement il suffirait donc d'acquérir une surface de 2,000 mètres environ, presqu'entièrement nue et n'ayant d'autre valeur que celle du sol ; mais il ne faudrait pas attendre que la valeur en ait doublé ou triplé. La Résidence impériale ressortissant de la paroisse St-Victor, ces dégagements sont impérieusement commandés par cette considération décisive. Il est curieux que la Résidence Impériale ait pour paroisse la plus ancienne église de Marseille, une église qui remonte à la fin du quatrième siècle et qui fut le tombeau du dernier pape français, d'un pape français élu en France et mort en France. Donc nul doute qu'ils n'aient lieu pleinement et pro-

(1) On assure qu'il a existé anciennement entre l'église St-Victor et celle de la Major un chemin secret de communication creusé sous la mer.

chainement. Ils se relient d'ailleurs avec les travaux qu'on vient
d'entreprendre pour dégager les abords du Palais-de-Justice et
raccorder le cours Bonaparte avec le boulevart de la Corderie.

A la charge de l'Industrie, il reste à exécuter, ce qui serait
urgent, un grand hôtel à l'instar des deux grands hôtels dont
Paris, qui était lui-même si arriéré sous ce rapport, est rede-
vable à l'initiative de M. Émile Pereire. Marseille, il ne faut
pas l'oublier, est la première ville de France qu'on visite en
arrivant de Turquie, d'Egypte, d'Italie. Elle gagnerait certainement à être connue. Si le plus souvent, l'on y passe rapidement, sans s'y arrêter, la faute, en est principalement, on doit
le dire, aux hôtels qui y laissent trop à désirer sous tous les
rapports. Quand on les compare aux hôtels, même dans les
villes de second ordre, en Allemagne, en Suisse, en Italie,
quelle différence ! Il restera aussi à compléter l'établissement
des Bains de mer des Catalans et à l'agrandir considérablement.
Cet établissement naissant est admirablement situé. (1) Il est
abrité du mistral par la colline du Pharo. Le fond de sable en
est excellent. Rien n'y manquera quand il aura pris entière et
exclusive possession de toute l'anse, dont portion est encore
occupée par des pêcheurs et par leurs barques, et qu'on y aura

(1) A mesure qu'on bâtissait sur les vastes terrains des Catalans, je démolissais,
en imagination, les constructions qu'on s'était trop hâté, à mon sens, d'y ériger.
Voici ce que j'y rêvais : j'habillais de pins et de gazons, grâces à l'eau du canal, la
colline de la Vierge-de-la-Garde, je renversais ces maisons accrochées aux flancs e
aux sommets du revers septentrional d'Endoume et j'y déployais un manteau de verdure,
piqué d'élégantes villas; de la rue Grignan, par la Corderie, continuée jusqu'à l'anse
des Catalans, je complétais la cité aristocratique à laquelle un superbe hôtel des
Bains, un magnifique Casino réservaient les saveurs des bouille-à-baisse, les distrac-
tions des fêtes musicales et les ébats fortifiants de la natation. Dans mon ardeur peu
respectueuse pour le génie militaire que j'admire pourtant, excepté dans nos absurdes
et inutiles forteresses dont s'indigne l'ombre de Vauban qui les bâtit, je rasais le fort
Saint-Nicolas, et j'étendais ainsi la place où des palais dignes de Venise et de Gênes
s'élevaient, avec la mer sur trois côtés, et la Résidence impériale qui les dominait.
Cette ville nouvelle avait près d'elle son chemin suspendu sur les eaux, sa ravissante
corniche.   L. NÉRY.

construit un vaste Casino dont la place est naturellement marquée à côté du champ actuel de manœuvres qui doit être prochainement converti en jardin des baigneurs. Que la musique militaire y vienne tous les jours, comme à Biarritz, ou tout au moins deux fois par semaine comme à Nice, se faire entendre et applaudir et ce sera immanquablement et très-rapidement le rendez-vous de tous les promeneurs qui étant partis par le Prado reviendront chez eux par le chemin de la Corniche. Alors promeneurs et baigneurs, marseillais et étrangers, s'attireront réciproquement. Une société nouvelle s'y recrutera et s'y formera.

Rien de plus pittoresque, rien de plus animé que l'anse des Catalans qui a en face d'elle l'Ile du Château-d'If, illustré par l'emprisonnement de Mirabeau, les îles de Pomègue et de Ratonneau, le phare de Planier, et devant laquelle passent à chaque instant du jour les innombrables navires qui arrivent de Lisbonne, de Cadix, de Gibraltar, de Barcelone, de Naples, de Civita-Vecchia, de Livourne, de Gênes, d'Alger, d'Oran, de Bone, d'Ajaccio, de Bastia, d'Alexandrie, de Calcutta, d'Odessa, d'Afrique et d'Asie, de la mer Rouge et de la mer Noire. Peut-être n'existe-t-il nulle part ailleurs une situation comparable et plus favorable à un grand établissement de bains de mer. S'il est un établissement libre que la Ville ait intérêt à encourager directement ou indirectement, afin d'en hâter le plus vite possible l'entier développement, c'est assurément celui-là, qui est à l'entrée du port, à vingt minutes du centre des affaires, et au bord de la plus belle promenade qui existera en France (1).

(1) M. Honnorat, ancien maire de Marseille, s'exprimait en ces termes, le 3 novembre 1856, dans une délibération du Conseil municipal :

« On sait tout le prix qu'attache la population marseillaise à l'achèvement de cette
» belle promenade de la Corniche qui est devenue un des ornements de notre ville ;
» les étrangers qui la parcourent et qui l'admirent sont étonnés que l'Administration
» municipale ne s'empresse pas de la terminer. Elle l'eût fait depuis longtemps si la

Mettre Marseille à la mode et comme résidence d'hiver pour les personnes de plus en plus nombreuses à qui le ciel du Midi est recommandé, et comme ville de bains de mer, serait-ce donc impossible ? Pourquoi cela le serait-il, surtout quand cette ville, indépendamment d'une excellente plage, offre comme approvisionnements faciles, comme spectacles variés, comme établissements d'instruction publique à l'usage des familles toutes les ressources qu'une grande ville seule peut réunir ?

Une ville maritime peut-elle être à la fois une grande ville de commerce et une grande ville de plaisir, qui attire, qui retienne ces essaims de désœuvrés dont la difficile tâche est de s'amuser, à qui il faut des théâtres élégants plus encore que des musées précieux, des promenades fréquentées plus encore que des bibliothèques silencieuses et surtout un centre de réunion ? A ceux qui prétendraient que le séjour d'une grande ville de commerce maritime ne saurait offrir d'attraits aux personnes d'élite qui aiment les beaux-arts et qui recherchent le bon goût dans le luxe, Venise et Gênes se chargent de répondre dans le passé, et Londres dans le présent. Est-ce que Londres n'est pas une grande ville de commerce maritime ? Est-ce que cela l'empêche d'avoir sa brillante saison des mois de mai et de juin où afflue toute la haute fashion ?

Favorisée par son admirable climat, pourquoi Marseille, qui a deux théâtres, deux Lycées, le Lycée impérial et le Collège catholique, un grand nombre de pensionnats, une école de médecine, une école de dessin, une école de sculpture, une école de musique vocale, un manège, une école d'équitation, une école de gymnastique hygiénique et médicale, une école spéciale de langues orientales, une bibliothèque publique, un

» situation de nos finances l'avait permis, et malheureusement, il faut le reconnaître,
» cette situation est telle qu'on ne prévoit pas de plusieurs années, au moins, la pos-
» sibilité de faire une dépense aussi considérable. »

précieux cabinet de médailles , un Musée de peinture et de
sculpture, un musée d'histoire naturelle , un Jardin Zoologique,
de belles promenades, un grand parc, un champ de courses,
des églises , des temples (1) et des cimetières pour toutes les
communions religieuses, un grand nombre de cercles, de bons
médecins , de bons chirurgiens, de bons professeurs de langues
et de littérature, pourquoi Marseille , qui fut surnommée
l'Athènes des Gaules et la Maîtresse des Écoles , pourquoi Marseille , qui en sa qualité de fille de Phocée. avait réuni les
poëmes d'Homère dans une édition célèbre connue sous le nom
de *Massaliotique*, pourquoi Marseille qui s'honore d'avoir donné
le jour à Puget, le Michel-Ange provençal, architecte, peintre
et sculpteur, qui a si glorieusement fourni son contingent de
philosophes, de poëtes, d'écrivains, de musiciens, de peintres;
les philosophes se nommant : Pythéas et Euthymènes , les
poëtes et écrivains se nommant Pétrone , sous le règne de
Néron , Folquet et Barral de Baux au moyen-âge, Honoré
d'Urfé , Pierre d'Hozier, Dumarsais , Thiers , les deux frères
Joseph et Louis Méry , tous deux poëtes , Barthélemy, Autran,
Capefigue , Léon Gozlan , Louis Reybaud , Garcin de Tassy ,
Taxile Delord, Eugène Forcade, Eugène Guinot, Marie-Aycard,
Marc-Michel , Amédée Achard ; les musiciens se nommant
Félicien David , Xavier Boisselot, Reyer, Morel, Arnaud, Jules
Cohen; les peintres se nommant Guérin , Baumes, Tanneur,
Barry, Loubon, Daignan, Daumier, Dominique Papety, Ricard,
Vidal, Eugène Delacroix, le grand peintre ! pourquoi Marseille
ne s'efforcerait-elle point de fusionner la richesse en voie de
formation avec la richesse en voie de satisfaction et de rendre
à beaucoup d'étrangers son séjour agréable ? Le jour où les

(1) Rit grec-arabe-catholique.
   Culte grec-schismatique.
   Cultes protestans.
   Culte israélite.

rayons de son soleil réchaufferaient un certain nombre de
familles anglaises, de familles américaines, de familles russes,
de familles allemandes; il ne tarderait pas à Paris d'être de
mode d'aller à Marseille comme il devient chaque année de plus
en plus à la mode d'aller à Nice. Le parisien est attiré par
l'anglais et le russe, comme le fer est attiré par l'aimant.
Veut-on attirer des parisiens? Il n'y a qu'à attirer des Anglais
et des Russes. Qui se doutait à Paris que Cannes existât en
France avant que lord Brougham en fût le Christophe-Colomb?
Les Anglais ont contre Marseille des préventions qu'il s'agirait
activement de détruire. Marseille a trop longtemps vécu sur son
ancienne réputation de ville malsaine et sale. Elle s'est assainie;
elle s'est appropriée; mais il faut qu'elle s'approprie et qu'elle
s'assainisse encore et toujours. L'immense retentissement donné
dans tous les journaux à la rue Impériale, entreprise par
M. Emile Pereire, ne se perdra pas dans le vide et ce ne sera pas
stérilement pour Marseille que les nombreux touristes débar-
quant d'Italie, de Turquie, d'Egypte, etc., ou s'embarquant
pour aller visiter Gênes, Florence, Rome, Naples, Constantinople, Alexandrie, le Caire, Jérusalem, les Indes, la Chine,
etc., parcourront le chemin de la Corniche lorsqu'il sera, dans
quelques mois, livré à la circulation sans aucune solution de
continuité. Avant peu d'années, ces arides versants de rochers,
à partir de l'anse des Catalans jusqu'à l'embouchure de l'Hu-
veaune, ces arides versants de rochers, autrefois parfaitement
boisés et qui pour reverdir ne demandent qu'un peu d'eau,
seront émaillés de cottages (1), pittoresquement dominés et

(1) Nos pères battaient des mains devant quelques tamarins, quand ils voyaient ces
arbres grêles par un coin du rivage de la mer; maintenant avec cette terre que pé-
nètre l'eau du Canal, la pelouse, l'ombre des parcs s'étendront jusqu'aux flots qui
mouillent le sable des Catalans, ce sable si doux aux pieds des baigneuses. Mais il
faut que sur cette plaine si bien transformée, la colline sainte qui la domine se hâte
de recevoir la parure que notre municipalité lui destine. Le chef éminent du département active et seconde si bien l'élan municipal! La colline de la Vierge-de-la-Garde

couronnés par la chapelle de Notre-Dame-de-la-Garde. Ce que M. Paulin Talabot a si admirablement exécuté autour de sa villa sera sur une échelle graduée , copié par une foule d'imitateurs plus ou moins modestes, plus ou moins riches. C'est beaucoup que l'exemple ait été donné. Il sera suivi. Pour le prédire avec

attend, depuis bien longtemps, l'ombre dont elle était couverte sous Jules-César. C'est là que commençait cette forêt druidique chantée par Lucain ; la forêt druidique a disparu ; la roche nue s'est montrée ; qu'on l'habille ! Avec l'association de l'eau et du soleil, on le fera aisément ; rien n'est impossible à cette féconde association ; la hauteur et les plans inclinés de l'éminence du Pharo sont maintenant revêtus d'un jeune gazon. La roche de la Vierge-de-la-Garde attend le sien.   L. MÉRY.

Il suffirait de faire quelques trous dans les rochers, d'y mettre un peu de terre végétale et d'y planter de jeunes pins ; ils viendraient bien d'eux mêmes et pour s'en convaincre, il suffit de jeter les yeux sur l'autre versant de la colline, du côté d'Endoume , et avec des travaux comme ceux qui ont doté le village d'Endoume des eaux du Canal, on pourrait faire courir sur ces sommets, aujourd'hui si arides, de frais ruisseaux qui tomberaient en petites cascades ... Qu'on ne s'effraie pas de l'idée de repeupler ces roches désertes : avec du travail et de l'eau tout est possible ; bien des gens se souviennent d'avoir vu aussi aride que Notre-Dame-de-la-Garde ce mont d'Haussez dont la verdure accompagne si bien, à Nîmes, celle du jardin de la Fontaine.

Le Mont Duplan est une colline allongée du Nord au Sud, qui domine immédiatement au Nord-Est la ville de Nîmes ; le versant opposé s'étend sur la vallée dans laquelle s'engage la ligne ferrée d'Alais ; sa superficie est de sept hectares cinquante centiares ; elle est à toutes les expositions, mais pour les trois quarts à l'Est et au Sud ; les pentes y sont de 25 à 30 pour cent ; le sol de nature essentiellement calcaire ne se composait que de rochers dépourvus de toute végétation ; il n'y existait ni chemins , ni sentiers. L'aspect de cette masse grisâtre qui surplombait une partie de la ville attristait le regard et formait un fâcheux contraste avec le mont d'Haussez ou mont Cavalier , qui s'élève un peu plus loin , mais tout enveloppé de verdure et sur le sommet duquel apparaît la Tour-Magne , cette imposante ruine romaine.

En 1859, M. Duplan , maire de Nîmes , conçut l'heureuse et patriotique inspiration de reboiser ce lieu de désolation, d'en cacher ainsi la vue aux voyageurs et d'y créer une promenade publique. Mais comment faire croître et prospérer des arbres sur un roc dénudé, lavé par les pluies, brûlé par le soleil, balayé par des vents impétueux ? Cependant, M. le maire de Nîmes communiqua son projet, ses craintes, ses désirs à un homme compétent dans les questions forestières, M. Pessard, sous-inspecteur des forêts du département du Gard. Sur les assurances favorables de M. Pessard qui se chargea de la direction des travaux, malgré les nombreuses et laborieuses occupations de son service, des essais furent immédiatement faits et sur une assez vaste étendue. Le succès en fut complet. En 1860 et en 1861 le conseil municipal alloua les fonds pour le boisement général , pour l'exécution de tous les travaux nécessaires et l'établis-

certitude, il suffit d'avoir vécu un certain temps avec un certain nombre d'anglais et de russes. Ce qu'ils cherchent surtout c'est ce qu'ils n'ont pas chez eux, c'est le soleil. Ils en ont si souvent besoin pour le rétablissement de leur santé altérée. (1)

sement des voies de communication, toutes choses auxquelles on mit la main sans retard et que l'on poursuivit sans relâche.

Il fallut alors recourir à la mine sur la superficie presque entière des terrains à planter ; les rochers furent culbutés et crevassés ; les détritus des mines et quelque peu de terre rapportée formèrent la couche végétale suffisante à la reprise des arbres et des plantes. Cette partie du programme fut la plus longue et la plus coûteuse, comme on le verra.

Les arbres furent ensuite plantés, en motte, de l'âge de quatre, cinq et six ans et au nombre de quinze mille; ils furent choisis parmi les essences les plus robustes et s'appropriant le plus au sol et au climat, tels que : pins d'Alep, pins noirs d'Autriche, cyprès Pyram, cyprès étalés, thuyas, cèdres, etc.; parmi lesquels les pins forment l'immense majorité. Sur l'avenue qui, du chemin d'Uzès vient aboutir jusqu'à mi-hauteur de la colline, et ainsi mieux abrités, des arbres à feuilles caduques ont bien réussi. Ce sont des acacias, des ailanthes, des frènes, des ormes, des mûriers de la Chine, des arbres de Judée. Des semis de chène vert prospèrent également. Enfin, il a été introduit des plantes grasses et une foule d'arbustes vivaces pour compléter le sous-peuplement.

Le Mont-Duplan constitue maintenant une promenade qui ne tardera pas à devenir fort agréable; des chemins, des sentiers ont été établis dans tous les sens; plusieurs escaliers, dont l'un surtout se fait remarquer par de grandes proportions, ont été taillés dans le roc même; des banquettes en pierres sèches ont été élevées au pied des rochers à pic pour la végétation des plantes grimpantes; sur le sommet et vers le centre de la colline s'étend une vaste plate-forme. De cette hauteur, comme de plusieurs autres points, on voit à ses pieds Nîmes et sa vaste plaine. Quelques pas plus loin, c'est la vallée couverte d'oliviers et où passe, sur un grand viaduc, le chemin de fer d'Alais qui se présente à vous. On a eu soin de conserver intacts de grands rochers d'une forme capricieuse et tourmentée le long desquels serpente une allée; les ravins forment de petits vallons qui renferment des plantes plus délicates que celles exposées sur les versants de la colline.

L'ensemble de ces travaux qui sont considérables et importants, ne s'élève qu'à la somme de 16,000 francs. Les chemins, sentiers, escaliers et déblais y sont pour la moitié, les mines pour un quart, et la plantation proprement dite, pour l'autre quart.

HENRI VERNE.

(1) A une heure de Marseille par le chemin de fer de Toulon il y a l'établissement de Camoins-les-Bains. Ce sont des eaux minérales sulfureuses, iodurées, administrées en boissons, bains, douches et vapeur; elles ont la même action que les eaux de Cauterets et les Eaux bonnes ; elles n'en diffèrent que parce qu'elles sont froides.

A une heure de Marseille également par le chemin de fer d'Aix sont les bains de

Avec la facilité et la rapidité actuelles des voies de communication et de transport, depuis que grands et petits territoires
sont sillonnés en tous sens par les chemins de fer, il n'y a plus
de si pauvre plage qui ne soit couverte de monde pendant la
saison des bains de mer, il n'y a plus de si mince établissement thermal dans les Pyrénées ou sur les bords du Rhin qui
ne regorge de baigneurs et de visiteurs! Le jour où Marseille
le voudra sérieusement et fera ce qui sera nécessaire, Marseille sera donc ville de bains de mer et capitale d'hiver. (1)
Pour qu'il en fût autrement, il faudrait qu'elle ne le voulût
pas, mais alors à quoi bon construire au prix de plusieurs
millions un nouvel hôtel de préfecture (2) et un nouveau
musée? Si Marseille ne doit rien faire de plus pour retenir
les nombreux voyageurs qui la traversent sans y séjourner
et ceux de ses habitants que le commerce y enrichit, le musée
actuel et l'ancien hôtel de la préfecture suffisaient. Marseille
n'avait besoin alors que de multiplier le nombre de ses ports et
que d'étendre la longueur de ses quais.

On parle souvent de décentralisation et presque toujours in-

Sextius, dont la réputation date des Romains. Ce sont des eaux chargées de glairine ;
elles sont recommandées pour les affections utérines et rhumatismales et pour les
désordres nerveux.

(1) Si Marseille le veut elle le peut !

Preuve, l'extrait suivant :

« Marseille tient une trop large part dans les intérêts de ce département, pour que
vous n'appreniez pas avec une vive satisfaction que tous les grands travaux qui lui pro-
mettent une transformation prochaine, marchent rapidement dans leur exécution. A
chacune de ces importantes entreprises, des ressources spéciales sont assurées de la
manière la plus certaine. Le budget de Marseille à la main, on ne peut hésiter à
reconnaître que *la situation financière de la ville est l'une des plus prospères des
grandes cités de l'Empire.* La puissance de son crédit répond à l'accroissement de ses
revenus et de sa richesse. »

    DE MAUPAS.   (*Rapport au Conseil général.* Session de 1862).

(2) Les travaux marchent rapidement ; l'année 1864 les verra terminés.

                (*Même rapport.*)

considérément. On croit qu'il suffirait pour décentraliser de supprimer la division par départements et de rétablir l'ancienne division par provinces. Grossière erreur ! Ce ne sera point par la voie des décrets qu'on fera de la décentralisation, c'est-à-dire qu'on fera refluer de Paris vers les départements ce qui afflue des départements vers Paris, ce sera par la voie des progrès.

Veut-on faire de la décentralisation qu'on étende le rayonnement de la civilisation !

Que la civilisation qui attire à Paris par ce qu'elle y domine, que la civilisation transforme, transfigure les principales villes des départements, qu'elles aient leurs théâtres avec de bonnes troupes, leurs musées avec de bons tableaux, leurs bibliothèques avec beaucoup de livres, leurs promenades et leurs environs mieux entretenus, éclairés le soir, arrosés l'été, qu'elles s'assainissent, qu'elles s'embellissent, qu'elles deviennent agréables à habiter, que toutes celles qui possèdent un avantage qui leur est propre fassent ce que font notamment les villes de Pau et de Nice, où elles s'appliquent à le mettre en valeur, à en tirer parti, et la décentralisation se fera d'elle-même, non une décentralisation factice, dictatoriale et éphémère, mais une décentralisation naturelle, progressive et durable !

La théorie pratiquée à Paris par M. Hausmann, théorie qui, pour être critiquée, n'en est pas moins juste et féconde, consiste à capitaliser successivement et indéfiniment tout accroissement annuel des revenus qui a été la conséquence et le produit des sommes dépensées en améliorations dans l'exercice précédent. Dans cet ordre d'idées de la commune commanditée par elle-même, ordre d'idées dont l'expérience a vérifié et démontré la justesse, l'impôt est à l'emprunt ce que la récolte est à la semence. Si l'on veut récolter il n'y a donc qu'à semer après avoir préparé le champ ; en d'autres termes, il n'y a qu'à suivre en province, toutes proportions gardées, l'exemple si heureusement donné par la ville de Paris, malgré l'opposition du Conseil d'État et de la foule inconséquente qui a, en même temps, la haine aveugle et l'amour superstitieux de l'impôt.

En 1831, les produits généraux de l'octroi de Marseille ne s'étaient élevés qu'à 1,834,249 fr. 25 c.; en 1861, ils se sont élevés à 6,632,377 fr. 56 c. Il y a lieu de présumer qu'en 1862 ils dépasseront 7,000,000 de francs.

D'autre part;

Les emprunts successivement contractés et employés par la Ville s'élevaient à 87,403,790 fr. 70 c.; (1) ils ne s'élèvent plus, à ce jour, qu'à 66,053,790 fr. 70 c. (2) ainsi divisés :

	CAPITAUX.	INTÉRÊTS ET AMORTISSEMENT
Emprunts par annuités d'intérêts, amortissement non compris.	30,150,000 »	1,518,120 40
Emprunts remboursables par annuités comprenant intérêts et amortissement.	35,903,790 70	2,002,072 80
TOTAUX .	66,053,790 70	3,520,193 20

À la somme ci-dessus de 3,520,293 fr. 20 c. il faut nécessairement ajouter les remboursements à opérer chaque année pour éteindre les 30,150,000 fr. empruntés sans amortisse-

(1) Travaux du Canal de la Durance. . . . . F. 39,500,000
Terrains pour la Résidence impériale. 1,000,000
Concours aux travaux des Ports. 1,500,000
Élargissement de la rue de Noailles 2,500,000
Travaux du casernement 2,600,000
Établissement de la rue Impériale etc., etc 20,000,000
Remaniement de la dette arriérée. 13,303,790 70

TOTAUX 87,403,790 70

(2) Ils s'élèvent à 84,150,000 fr., si l'on y ajoute les 18,006,209 fr. 30 c. solde, non encore négocié du dernier emprunt de 54,000,000 fr. voté par le Corps législatif.

ment. Ces remboursements sont échelonnés de 1863 à 1880 ainsi qu'il suit :

1863 . . . . F.	2,850,000
1864	2,550,000
1865	2,600,000
1866	2,600,000
1867	2,700,000
1868	2,050,000
1869	1,850,000
1870	850,000
1871	350,000
1872	350,000
1873	850,000
1874	1,350,000
1875	1,350,000
1876	2,050,000
1877	2,050,000
1878	1,350,000
1879	1,350,000
1880	350,000
SOMME ÉGALE . .	30,150,000

Ainsi en 1863, la Ville devra payer pour sa dette :

Intérêts . . . . . F.	1,518,120 40
Intérêts et amortissement.	2,002,072 80
Remboursement	2,850,000 »
TOTAUX	6,370,193 20

Quel sera, octroi compris, l'excédant annuel des recettes ordinaires, extraordinaires et supplémentaires sur les dépenses ordinaires, extraordinaires et supplémentaires, intérêts, amortissement et remboursement de la dette compris ?

Là est la question.

Dès que cet excédant annuel de recettes aura acquis un degré suffisant de stabilité et se sera élevé à un chiffre convenu, par exemple 1,095,500 fr. : capitaliser cet excédant, c'est-à-dire emprunter, ainsi que la ville de Marseille l'a fait en 1862, 20,000,000 fr. remboursables et remboursés en 50 annuités de 1,095,500 fr. et renouveler successivement ainsi l'opération aussi souvent et aussi longtemps que le permettra la progression relative des récoltes sur les dépenses.

Dans ce mode de procéder, ni l'erreur ni l'abus ne sont à craindre. La preuve de sa justesse se fait d'elle-même négativement ou affirmativement.

Si la progression du revenu décroît et se tarit, c'est la preuve que le capital emprunté a été improductivement employé ; si, au contraire, la progression du revenu s'accroît et s'accélère, c'est la preuve que le capital a été productivement employé et alors il n'y a qu'à continuer jusqu'à ce que les revenus de la commune suffisent non-seulement à toutes les dépenses mais encore à toutes les améliorations.

Cette loi de progression, alternativement, cause et effet, que M. Haussmann a eu le mérite et l'intrépidité d'appliquer, peut être considérée, quoi qu'en pense le Conseil d'État, comme la loi de la décentralisation par la loi de la civilisation.

Nous manquerions de justice et d'impartialité si, après ce rapide coup-d'œil jeté sur les travaux de Marseille, nous ne reconnaissions pas que les vérités mises en pratique par M. Hausmann, puissamment aidé par la *Caisse des travaux de Paris*, ont été très judicieusement comprises par M. de Maupas, chargé depuis trois ans de l'administration du département des Bouches-du-Rhône. La preuve en est dans ces paroles de son rapport au Conseil général : (1) « L'œuvre que nous poursui-
» vons est sans doute nouvelle dans la France, mais elle est
» juste et vraie. Ses résultats sont certains. La transformation
» d'une partie du département y est attachée. Les populations
» aspirent avec ardeur au bien qu'elle leur promet. C'est une
» œuvre de bien public, et quand une question se pose dans
» de semblables termes son succès est certain. » C'est à son
initiative et à sa persévérance que la ville de Marseille doit
l'autorisation par le Conseil d'État et le vote par le Corps législ-

(1) Session de 1862.

latif du dernier emprunt de 54,000,000 fr. sur lesquels il reste
à négocier et à employer 18,000,000 fr. Point de doute que
M. de Maupas n'eût fait plus encore, plus vite et mieux s'il eût
eu l'assistance d'une *Caisse des travaux de Marseille*. Le méconn-
naître ce serait nier la puissance du levier.

Si le Conseil municipal de la Ville et le Conseil général du
département font bien, ils n'épargneront aucun effort pour que
la Capitale maritime de la France ait sa *Caisse des travaux de
Marseille*; qu'ils la demandent en insistant et ils l'obtiendront.
Un décret peut l'accorder, puisque c'est par décret du 14 novembre 1858 qu'a été autorisée la *Caisse des travaux de Paris*.

Ce qu'on a accordé à la ville de Paris, on ne saurait le
refuser justement à la ville de Marseille dont Lamartine a dit
qu'elle était « la façade de la France. »

EMILE DE GIRARDIN.

APPENDICE.

I.

Le Dock-Entrepôt et les Magasins-Généraux
du Havre.

S'il était besoin d'une nouvelle preuve à l'appui de cette vérité économique que la concurrence est la cause première et l'instrument le plus efficace du progrès, nous la trouverions dans le fait de la co-existence et de la prospérité simultanée dans notre ville de deux grands établissements ayant, à peu de chose près, la même destination et les mêmes moyens d'action. Nous voulons parler du Dock-Entrepôt dont la fondation remonte à 1854, et des magasins-généraux qui ne comptent encore que deux années pleines d'existence.

On sait qu'un décret impérial, en date du 17 juin 1854, concéda à la ville du Havre l'établissement et l'exploitation d'un Dock-Entrepôt. La ville ne tarda pas à céder cette concession à une Compagnie financière, moyennant une redevance de 30 pour cent sur les recettes brutes du magasinage. C'était là une très-bonne affaire pour la ville, au budget de laquelle figure chaque année une somme assez importante provenant de ce chef. Quant à la Compagnie, l'affaire n'a pas été mauvaise et nous en avons pour preuve les agrandissements successifs que ces constructions ont subis d'année en année. Lorsque les travaux en train d'achèvement seront terminés, le bassin propre de l'établissement, d'une longueur de 550 mètres et d'une largeur de 80, pourra permettre le déchargement simultané de 50 navires ; quant à ses magasins ils pourront recevoir 130,000 tonnes de marchandises.

La Compagnie du Dock jouit du privilége exclusif de l'entrepôt réel ; elle vient d'ajouter à ses opérations l'emmagasinage des marchandises acquittées et des produits du pays.

Les mouvements des navires et des marchandises dans le bassin et les magasins du Dock ont présenté les résultats suivants:

Du 8 avril au 31 décembre 1857, 310 navires jaugeant ensemble 82,319 tonneaux qui ont importé 87 millions 72,529 kilogrammes de diverses marchandises;

Du 1er janvier au 31 novembre 1858, 339 navires jaugeant 98,800 tonneaux qui ont importé 95 millions de kilogrammes de marchandises ;

Du 1er janvier au 24 novembre 1859, il a été déchargé au Dock 367 navires.

La délivrance des récépissés et warrants, d'après la loi de 1858 et le décret de 1859, a commencé au Dock le 15 mai 1859, et dans l'espace de six mois (jusqu'au 24 novembre), la Compagnie en a délivré 1,470.

Le succès toujours croissant du Dock-Entrepôt, obtenu à l'aide des seuls moyens qui font réussir en affaires commerciales, la loyauté et l'entente des besoins du commerce, aurait pu passer pour un argument suffisant en faveur du maintien de son privilége exclusif. On n'aurait pas manqué de dire, il y a seulement six ans : « Puisque le Dock-Entrepôt répond si bien aux besoin du commerce, inutile de laisser une concurrence se créer à côté de lui. » Mais les idées économiques ont heureusement changé dans les dispositions gouvernementales. Le Dock-Entrepôt faisait *bien* ; donc il fallait laisser s'établir une concurrence pour qu'il fît *mieux*; et c'est ce qui est arrivé.

La demande en autorisation d'établissement de *Magasins-Généraux* a été formée par une *Compagnie havraise* qui comptait parmi ses fondateurs les nom.... importants sur la place, de MM. Quesnel, Lockhart, Masquelier, Dubois, etc. La Compagnie fut formée en 1858, et le décret rendu en novembre 1859. Aussitôt que la Compagnie havraise a pu commencer légalement ses opérations, une activité qu'on pourrait caractériser de fiévreuse a présidé à ses travaux : 82 bâtiments occupant, avec leurs cours et dégagements, un espace de près de 44,000 mètres, étaient prêts dès 1859 à être mis à la disposition du commerce pour le dépôt des marchandises libres et des marchandises d'entrepôt fictif, avec les facilités que comporte le régime du magasinage général, institué en France en 1848 et amélioré par la loi du 28 mai 1858.

Ce n'est pas sans luttes contre les prétentions au monopole du *magasinage-général*, élevées par le Dock-Entrepôt, que la *Compagnie havraise* put faire triompher le principe de la libre concurrence, déposé dans la loi de 1858. Enfin, le succès couronna ses efforts, et, sauf l'entrepôt réel, dont le Dock jouit exclusivement et par privilège, les *Magasins-Généraux* font, depuis deux ans, toutes les opérations d'entrepôt, de magasinage, de délivrance de récépissés et de warrants que fait le Dock.

Les fait-elle avec succès ? Un fait suffirait au besoin à le démontrer. Les quatre-vingt-deux magasins primitivement construits n'étaient pas encore livrés au commerce, que la nécessité d'en construire d'autres s'était imposée impérieusement à la Compagnie havraise. Le magasinage général et le magasinage public réunis n'avaient été commencés sérieusement qu'à partir du 1er janvier 1860. Au bout de trois mois, les magasins contenaient 112,000 balles de coton avec 4,000 tonneaux de marchandises diverses et se trouvaient remplis. Il fallut donc aviser à augmenter le nombre des magasins qui, dans le courant de l'année suivante, couvrirent une superficie de 85,000 mètres pouvant emmagasiner au-delà de 60,000 tonnes de marchandises d'encombrement ordinaire.

Une autre preuve du succès de l'entreprise a été dans deux doublements successifs du capital social qui a d'abord été de 1 million 500,000 francs, puis a été porté à 3 millions et enfin à 6 millions.

On voit que même privée du droit d'entrepôt réel, la *Compagnie Havraise* des *Magasins-Généraux* a trouvé sur la place du Havre un emploi utile de ses capitaux et de son activité, et fait des affaires considérables sans nuire à celles du Dock-Entrepôt. Que conclure de là ? Evidemment qu'il y avait place au Havre pour deux Entrepôts et que la concurrence a eu pour effet d'augmenter les affaires en les rendant plus faciles.

Du reste indépendamment de cette utile concurrence qui a tourné à l'avantage de tout le monde, il y a eu dans l'organisation des *Magasins-Généraux* quelques améliorations nouvelles sur lesquelles il est juste d'appeler l'attention publique.

Deux mesures surtout, prises par la compagnie des Magasins-Généraux, nous paraissent dignes d'éloges :

La première est celle qui consiste à faire participer les clients par moitié dans les bénéfices du compte d'assurances contre le feu et dans ceux du compte de manutentions diverses. Le produit pour chaque client dans cette participation est minime jusqu'à présent, mais le principe posé est excellent : il établit une solidarité plus étroite entre la compagnie et le commerce ; à ce titre cette mesure mérite d'être approuvée et imitée.

La seconde mesure à laquelle nous donnons toute notre approbation est ainsi formulée dans l'article 16 du *règlement particulier* de la Compagnie:

« Dans le but d'assurer une bonne entente permanente entre le commerce et la Compagnie havraise, tous ceux de MM. les négociants du Havre qui feront usage du ministère de la Compagnie seront convoqués dans le courant du mois de février à l'effet de faire choix entre eux d'un comité de trois membres qui ait mission de la représenter pendant une année et qui puisse concourir, par une action commune, à l'exemption ou à la réforme, s'il y a lieu, de mesures d'intérêt commun.

» Ce comité pourra être chargé notamment :

» 1° D'instituer, de concert avec l'administration de la Compagnie Havraise, un tribunal d'arbitres qui, siégeant à jours et heures fixes, une ou plusieurs fois par mois, dans l'établissement principal de la Compagnie, règle sommairement et sans frais, par amiable composition, toutes contestations pour lesquelles on déclarera vouloir se soumettre à son jugement;

» 2° De recevoir, discuter et approuver les comptes relatifs au partage des profits éventuels sur les assurances de la manutention. »

Nous ne savons si l'idée de ce *Comité du Commerce* est absolument neuve, mais en tout cas nous la déclarons grande, loyale et intelligente et nous ne serions point étonnés d'apprendre que sa mise en pratique a été une des causes principales du succès obtenu par les Magasins-Généraux havrais.

Simplifier les opérations, éviter les procès et donner aux discussions qui ne peuvent être évitées une issue prompte et amiable, sont autant de services rendus au commerce et que celui-ci reconnaît en accordant de plus en plus sa confiance à qui se montre si jaloux de la mériter.

(*Le Courrier du Havre.*)

E. MOUTTET.

II.

L'Isolement de l'église Saint-Victor.

Quand une ville se rajeunit, elle doit plus qu'elle ne l'avait fait, montrer pour les monuments anciens à l'ombre desquels s'élèvent les nouveaux, un respect filial. Marseille n'a presque rien gardé de ce qui fut le témoin de sa vieille histoire, mais son église de Saint-Victor n'a pas eu heureusement le sort de sa belle église gothique de Notre-Dame-des-Accoules; elle a échappé à la destruction. Ce vieux monument assiste au rajeunissement de la cité, il domine l'ancien port, il est voisin des

5

créations nouvelles qui se groupent au pied de l'éminence où l'on a construit et où l'on achèvera, sans doute, la Résidence impériale. Mais n'y aurait-il rien à faire pour cette église dont le souterrain a rempli, à l'aube du Christianisme, le rôle des catacombes de Rome ? Ce souterrain fut le berceau de la foi catholique dans les Gaules ; puisque l'on a malheureusement fauché l'abbaye qui s'attachait aux murs de l'église, puisque de ses cinq tours, Saint-Victor n'en a plus qu'une, ne doit-on pas donner à ce qui nous reste d'un tel monument, des soins respectueux, et le faire ressortir dans l'isolement qu'a obtenu la tour de Saint-Jacques, à Paris.

M. Émile de Girardin vient, le premier, de réclamer cet isolement pour l'église de la première abbaye de France, de ce monastère qui a été le second de l'Occident, puisque celui de Lerins a été le premier. Le célèbre écrivain a réuni dans quelques pages tout ce qui plaide le mieux en faveur de l'isolement qu'il a proposé. En peu de temps, M. de Girardin a su ce que signifiaient ces vieux murs voisins de l'hôtel qu'il habite, aux Catalans ; des murs antiques ont toujours une histoire, et ceux de Saint-Victor, comme on a pu en juger, sont protégés par les plus beaux souvenirs du moyen-âge. On sera touché à Marseille de voir un hôte célèbre se mettre si vite et si bien au fait de ce qui rappelle notre passé et de ce qui est réclamé par notre avenir. A la vérité il n'appartient pas à cette classe de voyageurs désœuvrés, jetant des regards distraits autour d'eux et n'emportant d'une ville qui a deux mille ans et qui renaît encore de nos jours, sous nos yeux, qu'un souvenir confus. M. de Girardin a voulu tout savoir de nous, de notre histoire et de nos besoins, et de la même plume qui entreprend le salut de la partie Sud de la ville, il nous a exposé les raisons qui doivent procurer à une vieille église cet isolement exigé par le respect dont elle est entourée et par sa vieille histoire.

(Courrier de Marseille)

L. MÉRY.

L'enquête ouverte, en ce moment, pour la jonction du cours Bonaparte avec la Corderie, avait déjà porté l'attention publique sur ce quartier au Sud du grand port qui réclame tant d'autres améliorations. Les articles publiés par M. Emile de Girardin dans le *Courrier de Marseille* ont développé avec une précision et une lucidité parfaites, divers projets de raccordement et d'embellissement que toute la population ratifierait d'avance. Ces articles, comme on a pu en juger par les principaux extraits que nous avons reproduits, ont eu un succès mérité auprès de tous les hommes compétents.

Un Marseillais, dans son patriotisme et son expérience, n'eût assurément pas mieux parlé des choses locales que M. de Girardin l'a fait après quelques semaines d'études sur les terrains et les plans. Aussi félicitons-nous sincèrement l'habile publiciste d'avoir su défendre les intérêts généraux, autant et plus que ses intérêts personnels de propriétaire ; mais on peut toujours avouer hautement ceux-ci quand on sait les identifier à la cause de tous.

A l'occasion de l'enquête dont nous venons de parler pour le prolongement de la Corderie, destinée à devenir la principale avenue de la résidence impériale, nous entendons émettre autour de nous le vœu que la régularisation des abords de l'église Saint-Victor puisse en être le complément. Saint-Victor, un des édifices les plus historiques de France et déjà classé comme tel par le Gouvernement, aurait bien plus de droits encore que la tour Saint-Jacques de Paris à être dégagé des constructions qui en obstruent les alentours et en dénaturent l'aspect.

Dix-huit siècles de souvenirs sont réunis là, depuis les vastes souterrains où l'on croit revoir notre premier apôtre, Saint-Lazare, jusqu'à ces tours crénelées sur lesquelles planent les ombres des Papes d'Avignon, et qui, aujourd'hui encore, appellent les marins à la prière. Délivrée enfin des masures qui ne sont plus que les décombres du vieux cloître, l'antique église

ne serait plus réduite à son entrée latérale : elle pourrait rou-
vrir son grand portail, et quelques travaux de restauration,
tels que ceux que Lassus et Violet-Leduc ont si habilement exécutés à Notre-Dame de Paris, achèveraient de rendre à Saint-
Victor la physionomie de ses beaux jours.

Combien de scènes mémorables se déroulèrent sous les voûtes
de la célèbre abbaye ! Nous n'en citerons qu'une, destinée
peut-être à se renouveler bientôt et à couronner cet édifice
d'une gloire exceptionnelle.

Le dernier des Papes d'Avignon, le saint et grand Urbain V,
après avoir rendu à Rome la paix et la liberté, avait voulu
revoir la France, sa patrie, et venir y finir ses jours. Le 16
septembre 1370, il abordait à Marseille, où le peuple le rece-
vait avec des transports de joie ; les Marseillais avaient appris à
le considérer comme un fils adoptif de la cité, avant qu'il
devînt le père du monde chrétien, et ils saluaient en lui l'ancien
abbé de Saint-Victor, admiré par sa vertu et sa science, autant
que le Pape qui leur revenait acclamé par l'Italie. Une semaine
après, Urbain V faisait sa rentrée dans son palais d'Avignon ;
mais bientôt, accablé par la maladie, il mourait dans la ville
papale, en exprimant le vœu que sa sépulture définitive fût à
Saint-Victor de Marseille, et qu'on l'y déposât devant le grand
autel.

Le 6 juin 1372, cette translation s'accomplit, et la litière qui
portait les restes d'Urbain V arriva au milieu de la nuit, escortée
du cardinal son frère, de plusieurs prélats et de trente-cinq
mille hommes portant des torches ; funérailles sans exemple,
cortége d'une majesté incomparable et telle qu'un peuple seul
peut la concevoir et la réaliser.

Le tombeau de l'illustre pontife resta là, pendant quatre
siècles, à la place qui lui avait été creusée à gauche du chœur.
Une statue en albâtre le surmontait. L'abbé Magnan, de Marseille, dans sa récente et si intéressante histoire d'Urbain V,
a déterminé à peu près l'emplacement où il serait possible de

retrouver ces restes vénérés : car on n'a jamais dû les exhumer, aucun historien ne parle d'un transfert quelconque, et M. Magnan croit que la chapelle sépulcrale fut seulement murée dans la suite des temps, circonstance peut-être providentielle qui aura soustrait ces reliques d'un saint aux profanations de 93. Au surplus, le nouvel historien donne, pour la recherche de ce tombeau, des indications qui seront, n'en doutons pas, précieusement recueillies par l'autorité ecclésiastique.

« Ah ! s'écrie-t-il, si quelque jour les architectes, en son-
» dant les murs de la vieille basilique, entendaient la pierre
» résonner sous leur marteau, si un pan de muraille s'écrou-
» lant tout-à-coup laissait apercevoir les dépouilles de ce
» grand pape, quelle joie immense ressentirait la cité pho-
» céenne ! Quelles actions de grâces elle rendrait à ceux qui
» auraient trouvé ce trésor ? Quel beau triomphe elle décerne-
» rait au pontife qui l'avait tant aimée ! »

En attendant le jour où le dernier des papes français repa-
raîtra à la lumière et pourra recevoir l'hommage d'une solennité à la fois catholique et nationale, honorons du moins, l'édifice où repose le plus grand homme dont Marseille garde les cendres. Songeons à rendre à l'église de Saint-Victor quelque chose de sa beauté première. Éloignons d'elle ces ignobles masures et tout ce qui empêche l'étranger, abordant sur nos ports, de la contempler dans son dessin primitif. Les milliers de religieux qui y vécurent et qui en défrichèrent les environs, furent pro-
digues de leur travail et de leurs biens à nos pères ; ils leur livrèrent, pour les plus faibles redevances, tous les vastes terrains sur lesquels se sont élevés la rue Sainte, dont le nom indique encore l'origine, les riches fabriques, les quartiers et les promenades dont nous jouissons aujourd'hui. A notre tour nous ne devons pas être ingrats envers Saint-Victor et regretter l'obole municipale que nous consacrerons au dégagement et à la restauration d'un édifice connu du monde entier.

(La Gazette du Midi).   E. Roux.

III.

L'Anse des Catalans.

L'Anse des Catalans qui a donné son nom au quartier qui l'avoisine est la plus importante des nombreuses criques que l'on rencontre sur la côte si accidentée du golfe de Marseille.

Très-rapprochée du vieux port, elle ne dut pas rester long-temps sans être occupée; des vestiges de toutes espèces attestent que cette occupation ne fut pas dénuée de grandeur. On y retrouve des égoûts considérables, des murailles épaisses et les ruines de deux tours carrées dont une seule est encore debout, et qui la flanquaient à son entrée.

Vers la fin du 17me siècle, Louis XIV ayant acquis les terrains avoisinant y établit un lazaret qui subsista jusqu'en 1720. En 1781, ces terrains furent vendus aux enchères publiques sur une ordonnance du roi Louis XIV et achetés au prix de deux mille livres la quartérée (environ 1 franc le mètre), prix très-élevé pour l'époque et que justifie la situation exceptionnelle qu'on s'est plu de tout temps à leur reconnaître.

A cette époque, des pêcheurs catalans vinrent s'y fixer et y formèrent une petite colonie qui donna son nom au quartier; plus tard des usines s'y établirent dans l'espérance de voir s'y créer un port, mais la création de ce port ayant été écartée par la préférence donnée aux projets de la Joliette, ces terrains restèrent habités seulement par ces mêmes pêcheurs catalans, attirés là par la modicité des loyers et la convenance des lieux.

Lorsqu'on examinait, en 1861, d'un œil impartial, l'état que présentaient encore les quartiers de Saint-Lambert et des Catalans et qu'on le comparait à l'état de tous les autres quartiers, indistinctement, qui entourent Marseille, il était impossible de n'être pas surpris de leur aspect misérable et du délaissement dont ils étaient l'objet.

Des causes accidentelles seules avaient amené ce fâcheux résultat, elles furent nombreuses et permanentes.

La première fut la création d'un Lazaret appelé, pendant longtemps encore, *Vieilles Infirmeries.* Ce Lazaret, entouré de hautes murailles, repoussa la population qui, à cette époque, d'ailleurs, était loin d'avoir la force expansive qu'elle a acquise depuis. En outre, la Ville était alors entourée d'un rempart qui a subsisté encore sur ce point jusqu'en 1864, lorsqu'il avait disparu depuis longtemps partout ailleurs.

En créant le lazaret, le roi Louis XIV ordonna la construction du fort Saint-Nicolas qui *n'a jamais tiré un seul coup de canon pour la défense du pays*; il faut se hâter de dire que c'était moins pour défendre la Ville que pour la menacer qu'il avait été bâti (1); c'est ce qui résulte de la lettre-rapport adressée à Louis XIV par Vauban lui-même. On lit dans cette lettre qui est déposée aux archives de la guerre à Marseille : « LE FORT » SAINT-NICOLAS EST BON POUR CONTENIR LA VILLE DE MARSEILLE, MAIS » IL EST INCAPABLE DE DÉFENDRE LA RADE ET LA VILLE DU CÔTÉ DE LA » MER »

(1) A plusieurs reprises, sous la minorité de Louis XIV, des mouvements insurrectionnels éclatèrent dans la ville de Marseille, jalouse de maintenir intactes ses anciennes libertés municipales. Celui de ses citoyens qui fut le plus ardent à soutenir cette cause fut un gentilhomme nommé Gaspard de Glandevès-Nioselles. Dans une émeute, les ordres du roi furent méconnus en 1659. Quelque temps après avoir accordé une amnistie et à la nouvelle de nouveaux désordres, Louis XIV ordonna au duc de Mercœur de marcher contre Marseille à la tête d'un corps de 7,000 hommes; lui-même le suivit de près. Marseille n'opposa pas de résistance et ouvrit ses portes. Le duc de Mercœur fit pratiquer une brèche aux remparts et ce fut par là que le roi fit son entrée dans la Ville, accompagné de la reine-mère, du duc d'Anjou, du cardinal Mazarin et d'une nombreuse suite (2 mars 1660). Un édit rendu le 7 mars, modifia l'administration municipale; les consuls furent remplacés par des échevins; le conseil de ville fut réduit à 66 membres; Marseille fut enfin privée de ses plus belles prérogatives, mais conserva encore cependant une assez large constitution municipale. En même temps une citadelle qui prit le nom de fort Saint-Nicolas fut construite à l'entrée du port, pour contenir la Ville. Quatre ans après, le fort St-Jean s'éleva de l'autre côté du port et en face du fort Saint-Nicolas.

HENRI VERNE.

(*Promenades dans Marseille.*)

Ce fort a pesé d'une manière déplorable sur la prospérité de tous les terrains qui l'avoisinent ; il a grevé toute la zône des terrains qui l'entourent de la servitude *non œdificandi* ; et c'est ce qui explique avant tout leur triste aspect. Les rares constructions qui s'y étaient élevées par tolérance, soumises à une existence incertaine et précaire, avaient été bâties en terre et s'écroulaient aux pluies abondantes ; le sol infertile n'avait pu être appliqué à l'agriculture ; les décombres de la Ville étaient venus s'y entasser pêle - mêle et l'emplacement n'avait été utilisé que comme entrepôt de marchandises insusceptibles d'altérations à l'air.

Non-seulement ce fort et les terrains qui en dépendent ont grevé les autres terrains de servitudes, mais ils avaient formé une barrière matérielle infranchissable, favorisée par l'extrême resserrement existant entre la mer d'une part et la colline de Notre-Dame-de-la-Garde. Pour pénétrer dans le quartier des Catalans-Saint-Lambert il fallait ou que l'administration du fort permît de passer dans ses basses-œuvres, ou franchir une brèche pratiquée dans le milieu du rempart !

Sans la présence du fort Saint-Nicolas, le quartier des Catalans serait depuis un siècle l'un des plus florissants de Marseille.

La construction de ce fort fut donc un malheur pour cette partie de la Ville ; mais une autre cause dont l'effet a aujourd'hui disparu vint peu de temps après en arrêter encore l'essor ; ce fut la peste de 1720. La terrible épidémie qui fit à Marseille de si nombreuses victimes prit naissance aux infirmeries des Catalans et inspira pour ce quartier une répulsion telle, qu'il resta sans habitants jusqu'en 1781, époque de leur vente.

Quelques années après éclata la révolution de 1789 ; les vingt-cinq années de guerre continentales et maritimes qui la suivirent firent tomber Marseille au rang de port secondaire. Sa rapide prospérité ne date réellement que de l'expédition de

Morée ; alors son accroissement prit des proportions considérables et l'insuffisance du vieux port fut si clairement démontrée qu'on commença à s'occuper de la création d'une annexe ; tous les yeux se portèrent sur les Catalans comme le seul emplacement favorable à la réalisation de ce projet, et tous les hommes spéciaux furent unanimes sur ce point.

De nombreux projets furent étudiés par MM. de Montluisant, Flachat, André, Garella, etc., projets qui devaient s'exécuter aux Catalans. Alors personne ne songeait à la Joliette ! Plusieurs de ces projets à la suite de diverses circulaires ministérielles furent mis à l'enquête. M. le baron James de Rotschild entra en pourparler d'acquisition avec MM. Consolat, Thérond et Morel, acquéreurs propriétaires des terrains.

Les choses étaient en cet état, lorsque survint un de ces changements ministériels si fréquents sous le gouvernement du roi Louis-Philippe. M. Consolat, alors maire, fut remplacé par M. Reynard, depuis pair de France, qui n'eut rien de plus pressé que de renverser tous les projets conçus par son prédécesseur et d'en déjouer tous les calculs.

Rien n'était venu corriger cette rigueur des évènements. Ces terrains avaient été laissés dans le plus complet abandon ; jamais ils n'avaient grevé le budget de la Ville de la plus petite dépense, quoiqu'ils eussent été compris depuis très-longtemps dans la zone de l'octroi ; les seules rues qu'ils possédassent, la rue Thérond, la rue Bérenger, le chemin des Catalans, avaient été dûs à l'initiative privée. Quoique les habitants de ces quartiers payassent les mêmes impôts de consommation que les habitants de la Cannebière, l'hiver, l'accès de leur propriété leur était à peu près impossible, faute de chemins entretenus ; c'étaient les propriétaires qui étaient obligés de pourvoir aux réparations les plus indispensables ; le canal lui-même, source de prospérité pour la Ville, aggrava encore cet état, car les propriétés soumises à l'obligation de recevoir les eaux provenant des fonds supérieurs se refusaient à les laisser couler sous prétexte que c'étaient des eaux industrielles provenant du canal ; les eaux étaient alors déversées dans les chemins, qui n'étant pas entretenus et recevant toutes celles d'un vaste bassin, se transformaient rapidement en cloaques.

Là ne se bornait point cet injuste délaissement ; le chemin de la Corniche, commencé en 1848, avait été achevé sur des points indifférents à la prospérité locale : au Roucas-Blanc, sur des rochers déserts, et il n'était pas même commencé aux portes de la ville dans un quartier peuplé aujourd'hui de vingt mille habitants !

Tel était l'état d'abandon lamentable dans lequel se trouvait tout le quartier des Catalans et Catalans-St-Lambert, à partir de la muraille du fort St-Nicolas jusqu'à la mer, lorsqu'il en fut en quelque sorte providentiellement tiré par une société formée en 1858 par M. Borde, l'habile ingénieur et l'actif constructeur du chemin de fer de Marseille à Toulon, MM. de Vuillefroy, Frémy, aujourd'hui gouverneur-général du *Crédit Foncier de France*, le vicomte de Caze, le comte de Toulongeon, député, le comte de Wolodkowicz, ancien receveur-général du département des Vosges, société présidée et dirigée depuis 1861 par M. Emile de Girardin.

Encore trois semaines, le 15 novembre 1862, et le quartier des Catalans et Catalans-Saint-Lambert relié à la Cannebière par le boulevard de l'Empereur, ne sera plus qu'à dix minutes du centre des affaires ; encore quatre mois, le 28 février 1863, et le pont des Auffes sera livré à la circulation. Alors les promeneurs qui suivront le cours Bonaparte et le boulevard de la Corderie pourront revenir du Prado en longeant la mer pendant tout le temps. Il n'y aura, cela est vrai, de comparable à cette promenade que celle du Pausilippe à Naples. Aussi n'est-il pas douteux que dans un délai très-rapproché le boulevard de la Corderie ne voie s'élever deux rangées de maisons non moins belles que celles qu'on remarque déjà sur le boulevard de Notre-Dame-de-la-Garde.

Un très-brillant et très-prochain avenir est assuré à cette partie du quartier des Catalans, traversé en croix par le boulevard de la Corderie et par l'avenue de la Résidence impériale. Or, dans cette avenue, comme dans l'avenue de l'Impératrice à Paris, toutes les maisons ont été assujetties à l'obligation d'avoir devant elles un jardin, ce qui assurera à l'avenue de la Résidence impériale une largeur minimum de 40 mètres, sur une longueur de 500 mètres.

Pour que ce nouveau quartier, si voisin du cours Bonaparte, de la rue Grignan, de la rue Breteuil, de la rue Sylvabelle, et le plus proche des deux plus belles promenades, le cours Bonaparte et le chemin de la Corniche, devienne le plus recherché de Marseille, le mieux aéré, le plus sain, le plus agréable à habiter, peu de chose reste à faire à l'Administration Municipale ;

Premièrement, il lui reste à transformer le champ de manœuvre, trop étroit et transporté ailleurs, en champ de fête pour les jours de fêtes publiques, et en jardin des baigneurs pour les jours ordinaires, jardin où la musique militaire vienne jouer tous les jours à une heure fixe comme à Biarritz, ou au moins tous les deux jours comme à Nice. Le parc de la Résidence impériale n'aura qu'à gagner à ce voisinage d'un autre jardin ; la contiguïté des deux jardins les grandira, à l'œil, l'un et l'autre ;

Deuxièmement, il lui reste à dégager la vieille et curieuse église de St-Victor, tombeau du dernier pape français Urbain V et paroisse de la Résidence impériale, au moyen d'une large voie descendant du boulevard de la Corderie sur la place Porte-St-Victor et démasquant ainsi le Port et ses pittoresques mâtures toujours si agréables à voir ;

Découvrir, autant que possible, le golfe de tous les points du quartier des Catalans-Saint-Lambert, voilà ce que l'Administration devra s'appliquer à faire, le jour où elle voudra compléter son œuvre de raccordement du chemin de la Corderie avec le boulevard de la Corderie et du boulevard de la Corniche, soit avec le cours Bonaparte, soit avec la rue Grignan.

(Le Nouvelliste.)

Marseille.— Imprimerie et Lithographie de JULES BARILE, rue Paradis, 13.

www.ingramcontent.com/pod-product-compliance
Lightning Source LLC
LaVergne TN
LVHW020951090426
835512LV00009B/1835